讲信修睦

南浔庞氏史料新发现

图书在版编目（CIP）数据

收藏与革新：南浔庞氏史迹陈列 / 南浔庞氏史迹陈列项目组编；陆剑主编. -- 上海：上海书画出版社，2025.8. -- ISBN 978-7-5479-3643-6

Ⅰ.K820.9

中国国家版本馆CIP数据核字第2025MH9737号

声明：本书之史料、图片除注明提供者、收藏地外，均由编者收集，如要使用，请征得同意或通过其他合法途径获得，邮箱63666132@qq.com。

收藏与革新：南浔庞氏史迹陈列

南浔庞氏史迹陈列项目组 编

陆　剑 主编

责任编辑	金国明　吕　尘
审　　读	陈家红
封面设计	单　勇
技术编辑	包赛明

出版发行	上海世纪出版集团 上海书画出版社
地址	上海市闵行区号景路159弄A座4楼
邮政编码	201101
网址	www.shshuhua.com
E-mail	shuhua@shshuhua.com
制版	上海佑艺轩文化传媒有限公司
印刷	上海书刊印刷有限公司
经销	各地新华书店
开本	965×635　1/8
印张	20.5
版次	2025年8月第1版　2025年8月第1次印刷
书号	ISBN 978-7-5479-3643-6
定价	180.00元

若有印刷、装订质量问题，请与承印厂联系

鼠革年代

新旧天地

王安忆
2021年2月17日

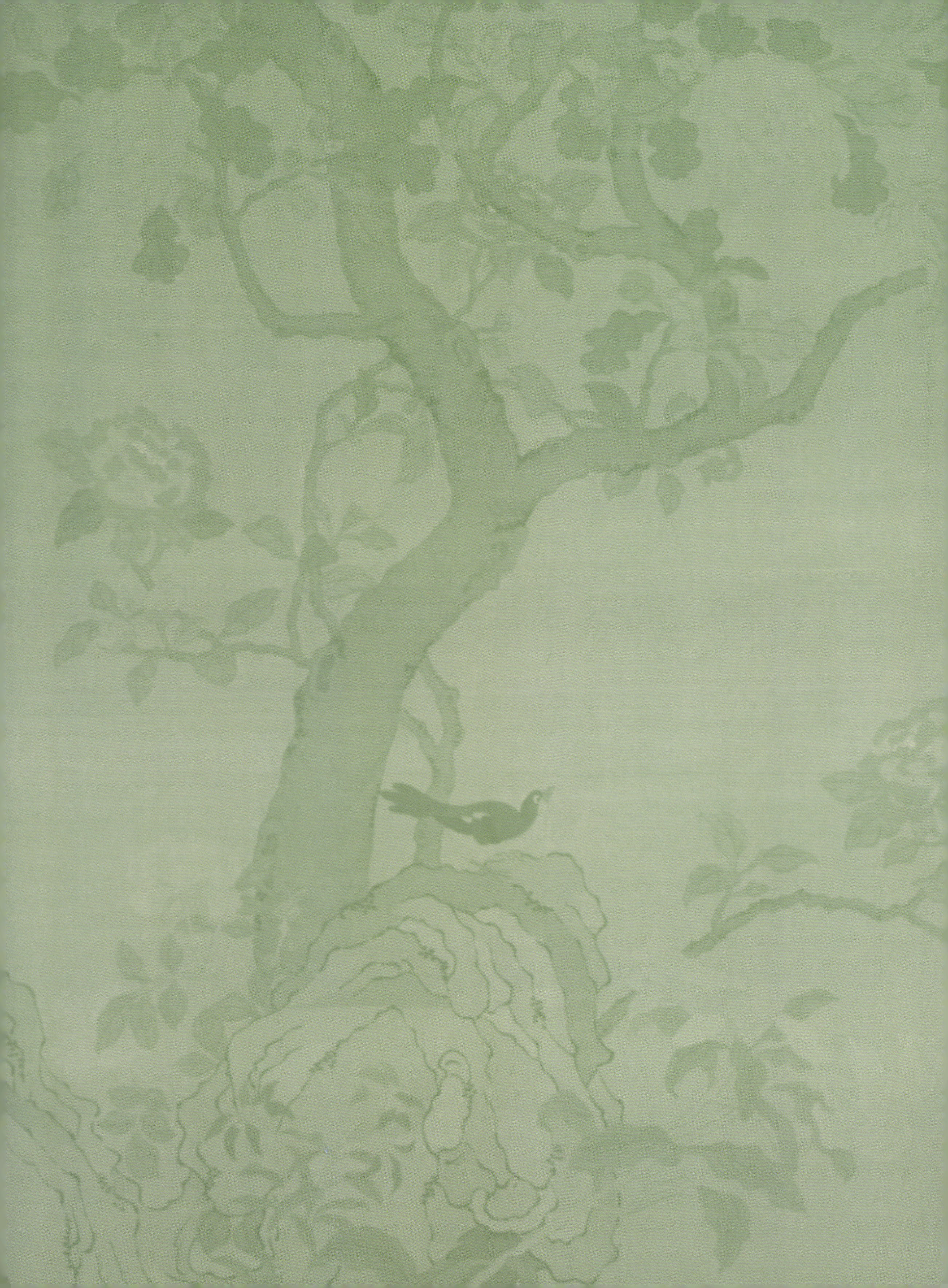

目录

前言　/01

档案　/002

信札　/009

照片　/026

碑刻　/036

印章　/045

股票　/048

杂件　/052

文献　/056

书画　/066

前言

史海拾贝　艺苑寻珍
——近年来南浔庞氏资料新发现综述

陆 剑

南浔庞氏为江南一带有名豪门望族，在文化、实业等方面成绩斐然，历来就是地方文史学研究的重点。庞云鏳为南浔"四象"之一，曾与红顶商人胡雪岩合作与洋商竞争，和李鸿章、左宗棠等晚清重臣保持着良好关系；庞莱臣为近代浙江民族工商业的开拓者之一，被誉为20世纪最大的书画收藏家；庞青城是孙中山先生的忠实信徒，曾大力支持辛亥革命；庞天笙是苏州商界的头面人物，曾出任苏州总商会会长；庞左玉系著名的闺秀画家，被誉为"海上才女"；庞其方在学生时代即为同济大学中共地下党领袖之一，后为病毒学、高速离心机方面的专家和同济大学副校长……个个均非等闲之辈，所以庞氏一族向来就不乏相关研究者的关注。随着新的资料、档案、实物、研究成果的不断涌现，这只尘封已久的巨象渐行渐近，其轮廓也日益清晰。2014年12月，在庞莱臣诞辰一百五十周年之际，南京博物院、故宫博物院、上海博物馆国内三大顶级博物馆联袂举办"藏天下：庞虚斋藏画合璧展"；2022年12月，"瑞色凝光：上海博物馆秘藏《莲塘乳鸭图》特展"在上海博物馆成立七十周年大庆之际拉开帷幕……这些展览均在国内引起轰动，可见一个时代虽然远去，庞家影响力依旧巨大。

笔者留心收集庞氏史料有年，自2009年拙著《南浔庞家》一书出版后，又陆续找到了不少新的材料，其中不少都是原始的、研究价值颇高的第一手资料，有助于世人对庞氏家族的深度认识。笔者从档案、信札、实物、照片等几个方面与大家分享这十多年来的"新发现"。

首先是档案材料。档案是研究历史的原始材料，近年来的新发现主要集中在庞氏家族兴办实业的经济领域，其中以龙章造纸厂档案、上海大陆银行南浔支行档案及章程和《商部照准庞元济京堂创设中国合众水火保险有限公司文》最为珍贵。龙章造纸厂、上海大陆银行南浔支行档案为民国时期经济部的报批档案，现藏中国台湾近代史研究所，龙章造纸厂的档案详细记载了每位股东的姓名、股份和地址，其中庞、张两家所占份额最多。而从档案中看，大陆银行南浔支行成立的确切时间为1935年，可知1995年版《南浔镇志》中关于其成立于1924年的记载应为"民国二十四年"之误。《商部照准庞元济京堂创设中国合众水火保险有限公司文》现藏中

《南浔庞家》书影

《南浔庞氏义庄纪事》书影

国第一历史档案馆，为清末商务档案，可与《商部奏机器造纸公司酌拟章程请准试办折》等相互印证，进一步证明庞家早期创办企业多为官商合办的性质和背景。

关于整个庞氏家族，《南浔庞氏义庄纪事》一书的发现至关重要。《南浔庞氏义庄纪事》为古籍线装书，1911年刊印，现藏南浔嘉业堂藏书楼，里面详细记述了庞氏义庄的来龙去脉、庞氏宗祠的范围、庄田的分布和义庄规约等，尤其难得的是，书首绘有清朝宣统皇帝御赐给庞家的"讲信修睦"金匾图片，十分珍贵，为将来庞氏宗祠、庞氏义庄的修复提供了重要依据。

个人档案方面，以庞家第三代代表人物庞维谨（即庞秉礼，庞青城次子，庞莱臣嗣子）的材料最为丰富。庞维谨留英回国后经庞青城的老友叶楚伧介绍进入国民政府和立法院工作，相关的个人履历和任职档案材料大多保存在上海档案馆，对社会公众开放。又如，同济大学原副校长庞其方，从事科研、管理方面的大量档案保存在同济大学档案馆中，而其早期从事学生运动史料则有待进一步挖掘。

文物捐赠档案方面，在中华人民共和国成立之后，庞氏后人庞秉礼、庞增和、庞增祥曾多次向上海博物馆、南京博物院、苏州博物馆等机构捐赠文物，其详细的捐赠清册、捐赠证书等均保存在上述博物馆档案室和庞氏后人手中，近年来上海博物馆、南京博物院和庞氏后人均有局部披露，比如1952年的庞氏后人联名向上海博物馆捐赠的文书，读之犹如一篇美文，不仅有详细清单，还有捐赠的文物图片。

此外，比较有价值的档案还有南浔最早的中学——浔溪公学的档案材料，包括《浔溪公学章程》《浔溪公学的学课表》《浔溪公学开校之演说》《记南浔庞氏开学堂事》等，大多刊载于晚清时期各类报刊杂志，是研究南浔清末民初教育事业的重要参考资料。其他还有一些与庞家相关的浔震电灯有限公司、上海中和印染厂等企业的档案资料，均可在各地的档案部门查得并复制。

其次是信札资料。信札作为近年较为热门的研究领域，不少有关南浔庞氏的信札亦浮出水面。庞家与吴湖帆家族是世交，这种交谊也许可以追溯到庞莱臣的祖父庞听泉游幕湘中时期，由于都雅好书画与收藏，所以两家世代交好且时常有书画、生意方面的交流，吴大澂致庞莱臣的信札就提到了书画转让事宜。这种友谊一直延续到吴大澂之孙吴湖帆时期，现存上海图书馆的信札中，就有庞莱臣写给吴湖帆的信札，内容多为社交招饮、书画鉴赏等内容，数量不少。

关于虚斋的藏品，其实在庞莱臣去世前就已经"出海"，许多学者在研究中已多有提及，现存美国弗利尔美术馆的庞莱臣与弗利尔的信札，涉及英文、中文两种文字，内容都围绕弗利尔向庞氏购买其收藏的中国古画，甚至具体到画名、金额等

吴大澂致庞莱臣信札

信息（另外还有弗利尔的日记可供印证），字迹工整，品位高雅，见之令人赏心悦目。弗利尔美术馆已对此批材料数字化，国内学者可在网上阅览下载。

庞家的同乡、南浔首富刘家第三代当家人、著名藏书家刘承幹除了为后世留下文化宝库嘉业堂藏书楼外，还保存了大量日记、信札、函稿。近期出版的《求恕斋信稿》（七十册）和《刘承幹友朋尺牍》（三十六册）中就有大量与庞家后人的书信往来。其中《求恕斋信稿》是刘承幹写个别人的信札底稿，单庞氏一族就涉及庞莱臣、庞青城、庞赞臣、庞襄臣、庞天笙、庞蕭君、庞中行、庞惟锡、庞秉礼等人，几乎囊括了庞家主要代表人物。《刘承幹友朋尺牍》则收录了庞莱臣、庞天笙等人写给刘承幹的信札，几乎都与公益事业及商业调度有关，为研究者提供了大量第一手资料。

信札新发现较多的还有庞赞臣、庞天笙、庞蕭君三人。庞赞臣生前也办了不少实业，尤其难能可贵的是他一生致力乡梓，对南浔贡献良多。他有数封信札现存上海档案馆，内容大多与家乡事务有关。而庞天笙、庞蕭君是苏州商界的头面人物，庞天笙曾任苏州总商会会长，庞蕭君则担任过苏州商事公断处的处长，包括信札、文书等在内的大量原始材料保存在苏州档案馆库房中，尚待进一步发掘整理。

第三是"三亲"材料。口述历史是正史的重要补充，"三亲"材料随着当事人的去世和时间的推移，其价值将愈发凸显出来。笔者在收集庞氏史料的过程中，接触了庞家各房各支的后代（包括贺明彤、庞增和、庞增祥、庞仁、庞天中、庞叔龄、金曾祥、严仁瑞等），收集并积累了大量口述材料，其中较为系统的有以下几位。

贺明彤档案

一是贺明彤与庞增和材料。贺明彤与庞增和祖孙在20世纪50年代迁至苏州生活，"文革"开始受到冲击，现网上有一批庞氏祖孙从"文革"开始到20世纪70年代末的材料，内容涉及庞氏公私合营的产业情况、庞增和一家"文革"的生活工作情况等，是研究庞氏后人的第一手资料。

二是庞维谨回忆材料。系"文革"开始后，庞维谨被批斗审查时的回忆材料，现保存在私人藏家手中，笔者曾得允许见过这些材料，内容包括个人履历、庞莱臣晚年的情况、庞氏产业及藏品的出售详情等，对于研究庞家后期产业变迁、"虚斋"藏品的最终去向、庞维谨的个人经历极具参考价值。

三是庞增祥与樊伯炎材料，亦是"文革"时期的产物，在网上拍卖。庞增祥和樊伯炎均生活在上海，其中庞增祥在1949年以后与姻亲合办上海中和印染厂，公司合营后变为资方，成为新一代的创业者。而樊伯炎原是庞家的门客，长期帮助庞莱臣管理书画，后与庞左玉结为夫妇，与庞家关系密切，所知情况较为详细，其回忆材料与庞维谨所述内容也多有相似之处。

四是丁東诺口述材料。丁東诺系庞氏家族族长庞天笙的孙女庞景瑛与著名音乐家丁善德的长女，自幼跟随外公庞奉之长大，与阿姨庞左玉关系亲如母女，对庞天笙一支情况知之甚详，如庞奉之一房各成员的生卒年、庞奉之家庭生活、庞其方早年参加革命运动掩护地下党的事迹、庞左玉的爱好和轶事等，也是少数了解庞氏墩苏堂情况的亲历者之一，笔者曾对其进行访谈记录。

五是庞子明、庞秉陔、庞其铭、谷娜等人回忆材料。作为亲历者，他们先后在政协文史资料和报刊杂志刊发相关文章，忆述家族往事、个人轶事、企业搬迁等情况，为研究庞家相关人物及事件提供参考资料。

第四是照片资料。相较于文字材料，影像资料往往更为直观，也更加真实可感。近年来，笔者在庞氏照片资料的收集上花费了很大工夫，同时也有不少收获，有的是锦上添花，有的则是填补空白，这里分合影和单照两方面叙述。

合影方面，庞莱臣的影像我们以前均只见过单照，笔者去年收集到一帧庞莱臣与上海总商会同仁的合影照，摄于1914年，时年庞莱臣正值中年，照片上有周金箴、杨信之等上海商界巨头，颇具史料价值。相较而言，庞青城的合影相对较多，其中"同盟会鄂支部欢迎总理孙中山先生纪念"这张照片被引用的频率很高，常常被用来说明庞青城与孙中山的密切关系，但由于照片几经复印翻拍，导致清晰度和照片质量非常差，所幸上海图书馆尚藏有这帧珍贵影像的原版照片，笔者经过高清扫描，效果已远胜于前。庞青城还有一帧与唐绍仪、陈公哲等人的合影也系首次面世。庞天笙与苏州商会同仁的合影则是其在苏州商会会长任上的留影，且不止一帧，原照现保存在苏州档案馆中，近年已完成了数字化工作。庞中行合家欢系庞家为数不多的合家欢照片之一，摄于20世纪30年代，照片中四代同堂，是研究庞鼎君家族的重要影像资料。庞左玉系中国女子书画会的成员，但她与书画界友人的合影却一直处于空白状态，直至一张摄于1935年的中国女子书画会合影在网上面世，虽然不够清晰，却满足了笔者长久以来的期盼。

同盟会鄂支部欢迎总理孙中山先生纪念（第二排右三为庞青城）

单照方面，在笔者《南浔庞家》出版之前，曾为庞家部分重要人物的照片而大煞脑筋。庞赞臣、庞天笙、庞左玉、庞鼎君、庞中行、庞莲、庞维谨等人的照片基本是一片空白，经过向庞氏后人征集、图书馆、档案馆查找等渠道，不仅在书籍出版前全部找到，而且庞仁、庞天中、庞增和、庞叔龄、庞其方、庞其捷等庞氏后人的照片亦得以基本收集齐全。此后，经过庞氏后人的陆续补充（尤其是庞佩兰、樊愉、严仁瑞、萧峰等），庞韵、庞四宝、庞惇意、庞秉宏、庞爱宝、庞惠玉、庞增祥的单照和合影亦陆续找到，照片资料得以进一步丰富完善。

第五是实物资料。近年来关于庞家的实物资料不断见诸报端，这里首先要提到的就是书画，拍卖市场中"虚斋"旧藏频频创出千万元，甚至上亿元的成交高价，引起各方的关注。而陶器是虚斋藏品中以前不为人知的领域，比如陈鸣远制南瓜壶、陈鸣远款素带壶等也都拍到了千万元。比较有意义的是上海博物馆藏《虚斋抱兔图》《虚斋息肩图》《西湖图》《夏山图》等作品先后在相关展览中露面。另外值得一提的是明信片和企业股票，笔者在收集史料的过程中，曾在庞氏和金氏后人家中见过两帧明信片，尺寸均不大，为民国早期印制，一帧为庞莱臣的山水轴，一帧为庞青城着正装像，可见庞家非常时髦，当时已开始用通信载体进行自我宣传。另外，龙章造纸厂、杭州通益公纱厂、浙江典业银行、中国水火保险公司、杭州崇裕丝厂、上海新闻日报社等与庞家有关的企业股票也颇具收藏价值。

如果上面所说的门类属于"软实物"的话，那么以下几类则属于"硬实物"。特别硬的是碑刻，由于石料的特殊材质，石碑相对更容易被保存下来，近年在南浔南郊和睦兜村发现的庞云鏳墓地坊额残件就是其中"幸存者"。石柱残件上有"直隶总督、内阁大学士、通家愚弟李鸿章拜题"的字样，进一步印证了李鸿章与庞氏家族的密切关系。南浔庞家花园——宜园和庞家祠堂内的《光禄庞公祠记》《世述堂记》《庞君元浩保障乡里颂》石碑虽已不在，但其拓片都有存世。南浔档案部门还保存有晚清学者洪钧题写给庞云鏳的"嘉誉室"匾额，应是当年庞家荣誉室的旧物。

"嘉誉室"匾额

此外，庞氏生前用品也有不少物件，如庞莱臣生前使用的鼻烟壶、怀表、专用墨，庞青城使用的印章、徽章等，或为庞氏后人珍藏，或流入拍卖市场，均是可以收藏或仿制的实物。

最后是相关图书、论文。随着相关材料的陆续发现和研究的逐步深入，近年来关于庞氏的研究成果不断涌现。古籍图书方面，庞莱臣的藏品目录除《历朝名画共赏集》《中华历代名画记》《虚斋名画录》《虚斋名画续录》《名笔集胜》五种外，发现至少尚有《唐五代宋元名画》《虚斋名陶录》《虚斋吉金录》三种。《唐五代宋元名画》由陆恢作序，中英文对照，图文并茂，应该也是当年庞莱臣为宣传出售藏品而精印的图册。《虚斋名陶录》《虚斋吉金录》的发现则说明庞氏除了收藏书画外，还涉及陶器、瓷器、青铜器、鼻烟壶、名人尺牍等多个领域。

现代图书方面，李保民先生的《虚斋名画录》（上、中、下三册）点校本，不仅对其进行了点校，还对虚斋藏品的流向和藏地进行了详细考证。樊愉先生的《我的画家母亲庞左玉》，以儿子的视角深情记述了母亲的书画人生，配以庞左玉书画作品近百幅，是国内第一本庞左玉的专题画册。《庞虚斋藏清朝名贤尺牍》则是上海图书馆藏庞莱臣收藏的名人尺牍的首度汇集出版，嘉惠学林，此书共六册精装，收有顾炎武、吴伟业、袁枚、钱大昕、段玉裁、阮元、林则徐等名家手札五百多通，具有极高的文献史料价值及文物原迹价值。此外，南京博物院、上海博物馆等多个文博机构举办的几次庞氏旧藏大型展览，也都出版了精印画册。

2022年作者采访庞青城后人庞佩兰（左）

论文方面，研究庞氏的不在少数，以虚斋藏品为主要对象发表的文章尤其多，但质量上乘、角度新颖又具深度的不多，而徐莺的博士论文《虚斋书画收藏的儒家传承与现代转型》无论从材料、视角、观点方面都有新的突破。她的论文尝试将思想史的研究方法运用到艺术史的研究中，用关键词的研究和数据库统计分析的方法，定位晚清民国错综复杂的时代观念，梳理民国动荡的历史以还原人物真实的内心世界，揭示了在传统文化受到西方文明冲击开启第二次文化融合的现代转型之际，以虚斋为代表的绅士阶层用宏富的私家收藏承担了类似西方私人博物馆的功能，并认为虚斋的收藏和他一生的鉴藏活动，为后人留下了珍贵的样本，推动了世界范围内中国艺术史的研究。发表于2011年的《南浔宜园考：中国近代园林优秀案例研究》亦是近年研究南浔园林的佳作，文章全面梳理了庞家花园——宜园的历史沿革和空间布局，在对其建筑及景观进行整理的基础上，进一步分析了宜园的造景立意及其节点游线，力图向宜园的历史原貌迈进，具有一定的学术参考价值。

此外，庞氏后代庞其方、庞其捷、庞其扬等人在20世纪后半叶陆续在国内各大刊物上发表的学术论文，现在大多可以在国内各大图书馆查得，一方面是研究庞氏后裔个体的参考资料，另一方面也是庞氏后人在时代大背景下"转向"的有力佐证。

目前，南浔庞氏旧宅布展工程已进入尾声，社会各界对庞宅修缮后的开放布展亦是翘首以盼。庞氏一族人才辈出，脉络清晰，影响甚广，内容丰富，资料多样，相信庞宅的对外开放，必将为世人进一步深入了解南浔庞家、读懂古镇南浔、感受中华优秀传统文化提供一个崭新窗口！

作者为《南浔庞家》一书作者、"虚斋藏天下：南浔庞氏传奇与印记"策展人、
湖州市文史馆馆员、湖州人文建设促进会研究员
2025年2月

图版

「档案」

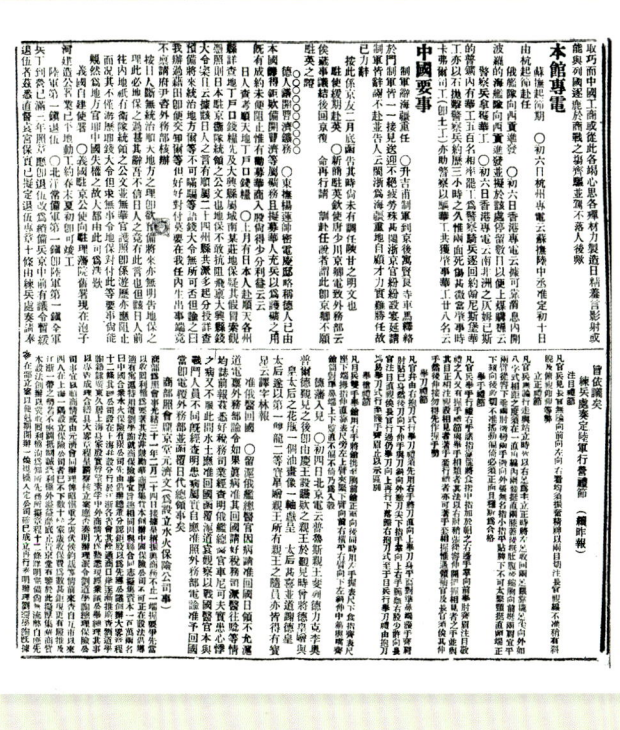

《政府公报》中关于发还庞青城产业的公文

商部照会庞京堂元济文（为设立水火保险公司事）

庞氏讣告
（庞张氏去世）

南浔庞宅报丧
（庞青城去世）

南浔庞宅报丧
（庞莱臣去世）

南浔庞宅讣告

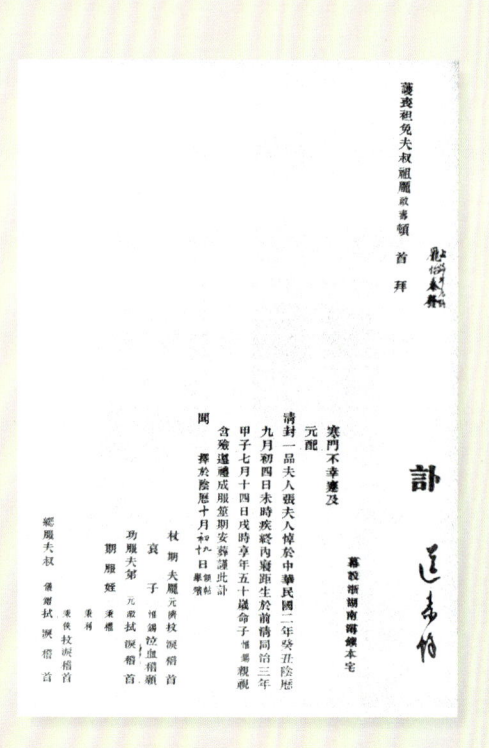

庞莱臣原配夫人张氏讣告

庞青城启事

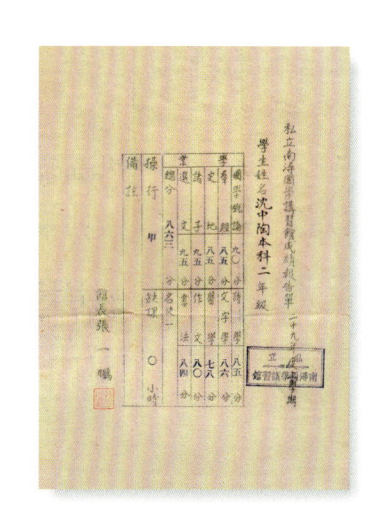

庞莱臣创办的"国学讲习所"文书

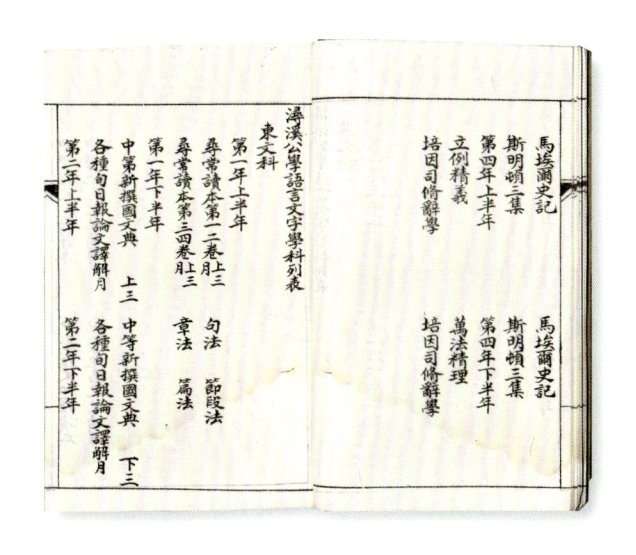

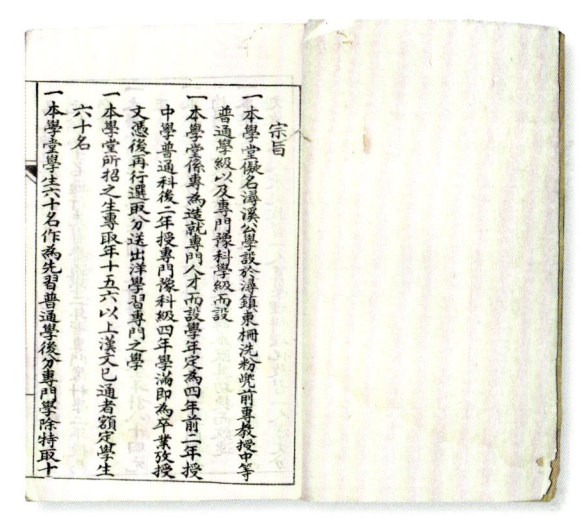

庞青城创办的"浔溪公学"章程

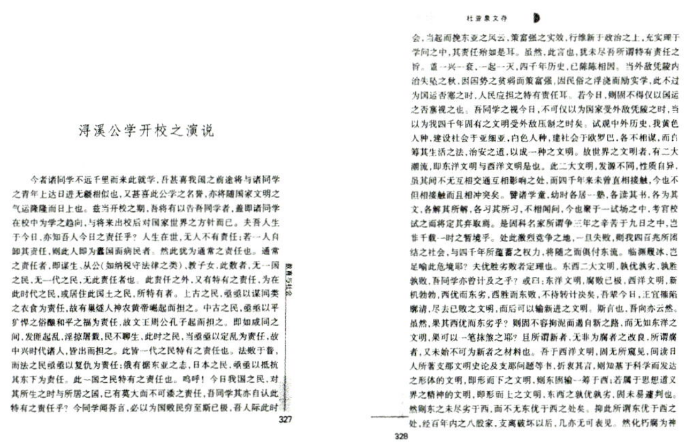

浔溪公学开校之演说

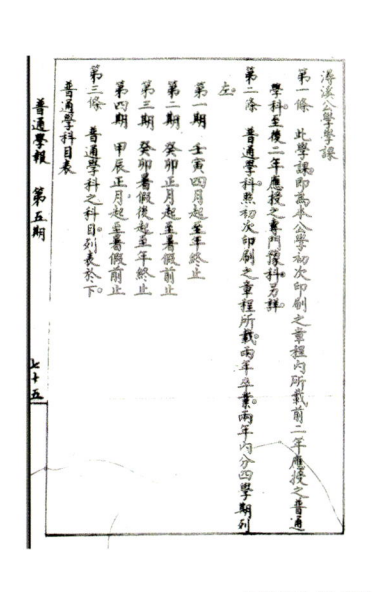

浔溪公学学课表

庞氏义庄档案

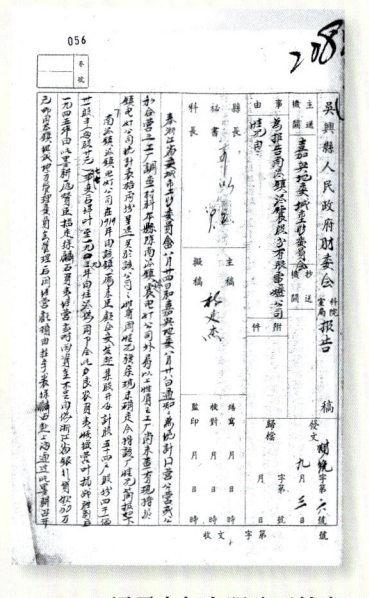

浔震电灯有限公司档案

上海市政府令第一一六三号——
兹委任庞秉侠为本市保安处中尉书记

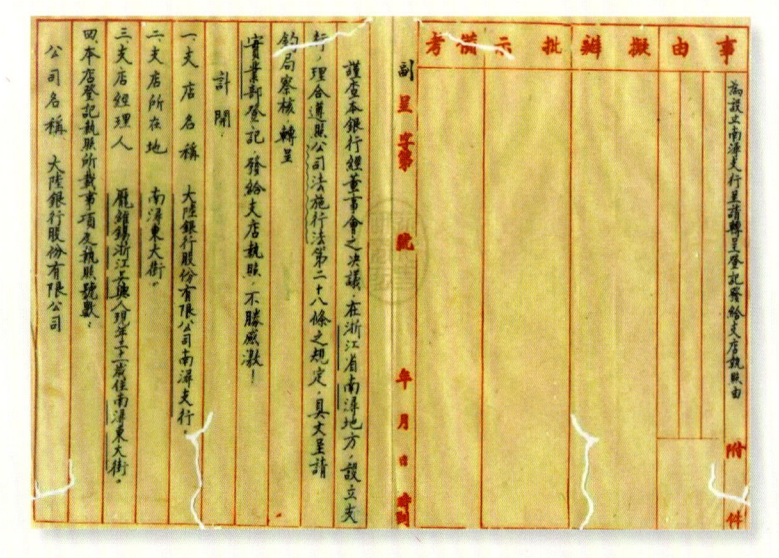

上海大陆银行南浔支行档案（庞维锡任经理）

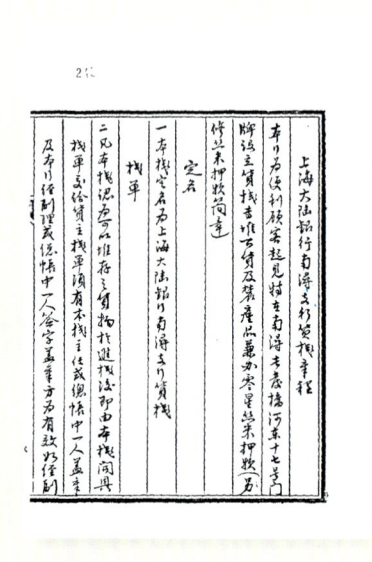

上海大陆银行南浔支行货栈章程

张静江与庞青城

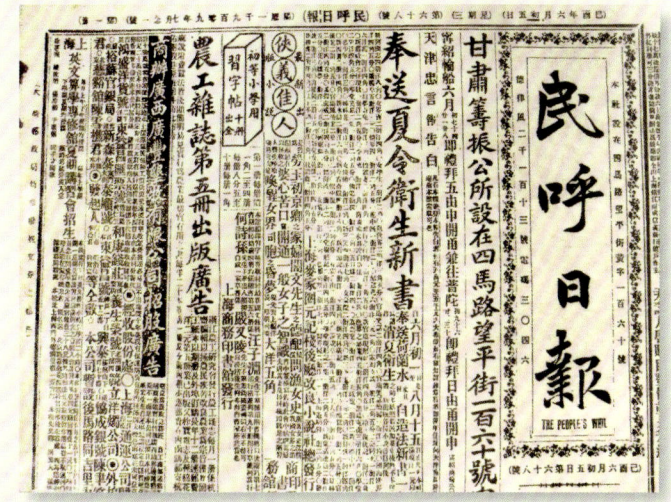

　　张　铁，湖州南浔巨富项城赣浚，就苏城，独自经营江鄂。

　　（一）庞青城与庞城论，如元昌兴等氏樊后，自洪杨致钜富。

　　（二）二人致力于革命事业，间几倾其家产，幸年来已渐恢复，在上海办豹眠蚕业银行、独美轮船故城、庞地产诸业，因有儿女成军收青城故城，颇获利。其骏助党人各几希望之殷，虽经诸姊堂兄弟，光复时，以资赞助故党英士。探后嵩铜，二次革命後，家席称也。

《张静江与庞青城》，
载1937年3月13日《南京晚报》

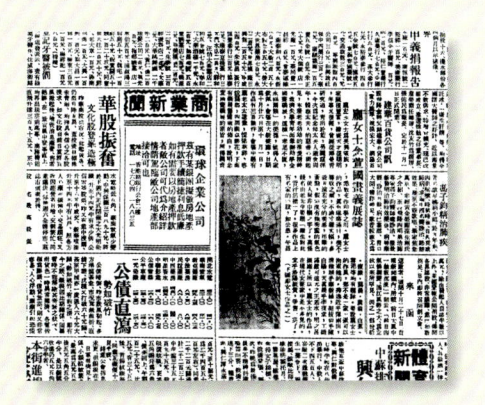

庞青城出资创办的《民呼日报》

庞女士（庞左玉）念萱国画义展志（《申报》）　　庞女士（庞左玉）助学（《申报》）

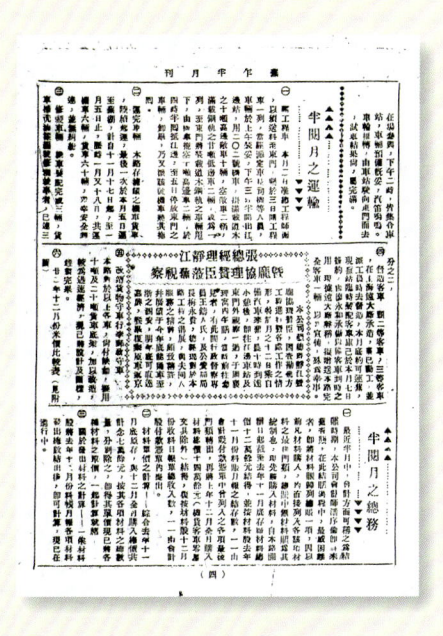

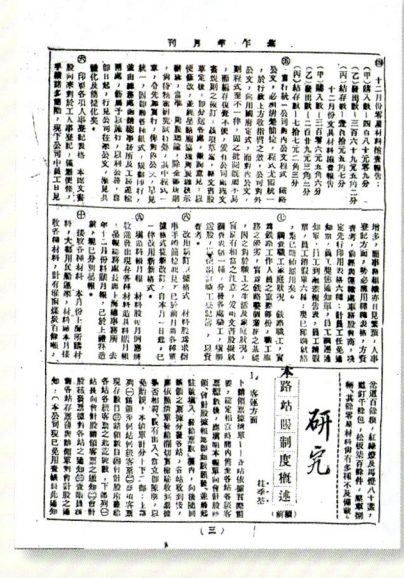

张总经理静江暨庞协理赞臣莅芜视察

庞氏『文革』材料

（私人藏）

庞秉礼档案

（上海档案馆藏）

信札

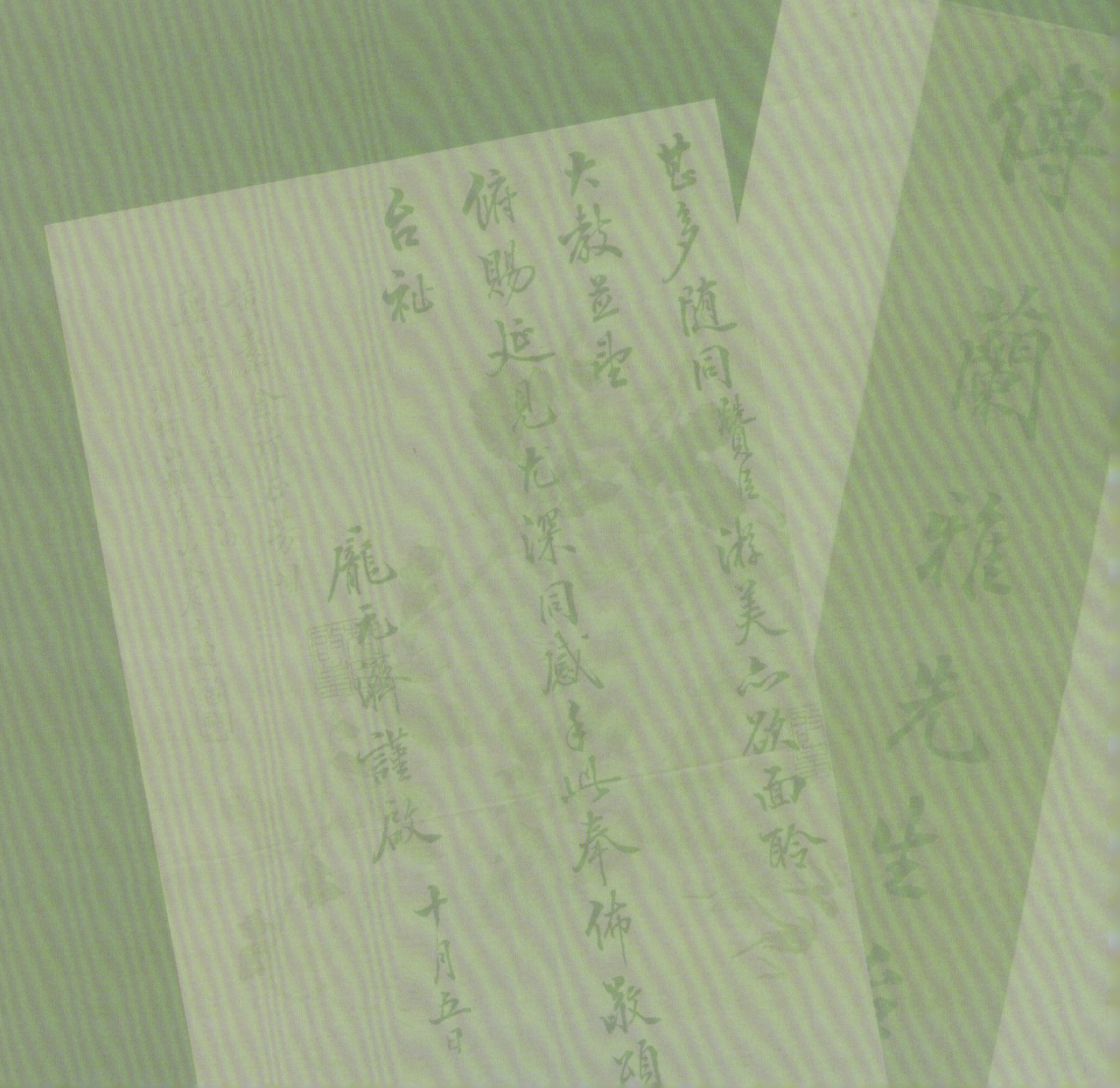

庞莱臣

庞莱臣致傅兰雅 五通

（美国弗利尔美术馆藏）

傅兰雅先生台鉴中美遥隔音讯罕通至
深悬念近维
贵体康宁秉时纳福为颂
阁下公馀之暇想仍怡情书画搜罗益富济
雅有同志六朝夕讨论六法习与性成近值敝
邦多故所有南北诸收藏家柱柱以特事艰
难争出古画求售溽昂女能力所得精品亚

思就
阁下品评祇仕事兄羁身不克亲自观光
上国是以仍交家弟赞臣携带来美面呈
法眼鉴赏尚祈
进而教之附奉明代陈鸣远砂器两种佩文
斋书画谱全部聊以将意敬乞
誉存为幸再有敝友游君筱溪罗致古玩

甚多随同赞臣游美亦欲面聆
大教益堂
俯赐延见尤深同感手此奉布敬颂
台祉

庞元济谨启 十月五日

第一通

第二通

一

9 Newchang Road,
Shanghai,
11th Feb. 1912.

Dear Sir:—

Let me first apologize for having not written to you since you left Shanghai. I have been very busy since the civil war broke out in our country. I hope that it will be settled very soon. But the scenes of Shanghai are same as before. I am not going to tell you in detail about the war affairs, as I believe that you have been informed better by reading the papers.

I was told the other day that your country will be the first to recognize the Chinese Republic & I am sure that our people are very much pleased & thankful. The friendship between your country & ours will surely be the most intimate & closer

二

than any other nation in the world.

I hope you are keeping well and will come back to China again soon & re-engage in business which has every prospect of being more prosperous than ever before; if that, you will write to me before your voyage.

I am
Yours Respectfully
Pang Yuen-chi.

Mr. Pang Lai Shun

第三通

一

#33 Ferry Avenue, East,
Detroit, Michigan, U. S. A.,
March 20th, 1912.

Mr. Pang Yuen-chi,
#9 Newchang Road,
Shanghai, China.

Dear Mr. Pang:—

It gave me much pleasure to receive your good letter of February 11th in this morning's mail and to know that you are keeping well and that the prospects are good for the settlement of the Civil War that has been ragging in your Country. We receive here all sorts of reports through the newspapers and have been very much disturbed about conditions throughout China. All the Americans with whom I have talked have expressed much sympathy with the Republicans of China, and we are all hoping that with new men at the helm your Country will be restored to the position it so well deserves in the history of nations. Of course, America being so close a neighbor of China and so much in sympathy with the feelings of the Republicans of your Country, the friendship between the two nations is very warm and will doubtless continue growing in the right direction. This Country has flourished wonderfully under a republican regime and there is every reason to believe that your Country will do likewise. At all events I for one sincerely hope so.

Shortly after my return home last year from China, I was taken seriously ill, as you know, but my health is now much better and I hope ere long to be quite well.

二

Mr. Pang: -2-

I am reminded of you and your kindness to me while in China all most daily and I have great pleasure in looking at the splendid paintings which you helped me to secure.

I suppose that the war interfered very much with your business and it must have caused you much sorrow, but I hope that the worst is over and that peace will soon be completely restored.

I hope that you continue your interest in collecting old paintings and other specimens of ancient Chinese Art and I often wonder if the war is causing many of the native collectors to dispose of their treasures.

Whenever I visit China again, I shall hope to see you and will of course, send you word in advance of my arrival.

Hoping to see you in America sometime, and trusting that your health remains excellent, I remain,

Very sincerely yours,

9, Newchwang Road,
Shanghai, China.
28th. June, 1915.

Dear Mr. Freer,

As China and America are separated by a great distance it is difficult for us to meet and face each other. Whenever I reflect on an eminent man (yourself) I would carry the thought even in my dreams. Furthermore, you are fond of pictures and paintings and being of the same mind though we are separated by thousands of miles I often regret that I am not gifted with the magical power of contracting the earth, nor could I wing myself so that I may personally benefit by references to your great knowledge.

My cousin, some time ago brought my collection of paintings to your country for exhibition, and I almost feared that the picture might evoke your ridicule, but you were kind enough to take care of him and enlighten him as to movements which cements long separated friendship and for which I am extremely indebted.

The pictures you retained were the best in my poor collection and it could be seen that they met the eyes of a connoisseur and we may say that we are friends acquainted with each other's minds. You have my sincere admiration.

My cousin, returned to China and related to me how you have been. He emphasized on your great kindness in even the smallest things. I can only pray from a distance that you will be blessed with health and that we may meet again when I can express my gratitude.

一

第四通

2.

Since the revolution in China odd pieces of pictures from old collectors have occasionally been offered and many have been collected by me. At my leisure I propose personally to visit America when I shall bring many of them to obtain your opinion.

I am aware of the fact that you are a great collector in the whole of America and stand without a peer. I also love picture to my bones, and it may well be said that in your good self I have one of same mind beyond the seas.

I indite this to express our gratitude and with assurance of esteem.

I remain,
Yours very sincerely,
Pang Lai Chen
龐萊臣

二

No. 9, Newchwang Road, Shanghai, China.
17th. September, 1919.

Charles L. Freer Esq.,
33 Ferry Avenue East,
Detroit, Michigan,
U. S. A.

Dear Mr. Freer,

I received your last letter duly and was glad to learn that the little present sent to you had been accepted. It, however, made me extremely sorry to hear of your being ill. I hope you have now fully recovered.

I have been making steady progress with my paper mill and still *[illegible]* while the other enterprises have been free from loss.

In spite of the unsettled condition of our country, the provinces of Kiangsu and Chekiang have not been affected directly.

My leisure hours have been spent in my old habit of collecting drawings. But really good drawings and writings are getting fewer and fewer and dearer and dearer. Now-a-days it is not an easy task to collect good drawing and writings. As to the drawings which Mr. Seaosng Yue sent you there are really some good ones among them, but on account of the high prices

一

第五通

No. 2.

demanded by the owners I had not bought them. But Mr. Yue, desiring to show his appreciation of your kind treatment eventually bought them notwithstanding it was rather beyond the ordinary value. Mr. Yue's financial position is now very pressing and so I hope that you will, in view of his difficulty, be kind enough to help him through to the end.

I have been offering high prices for good articles of old drawings but very few have been met with. For the last two years I have so far been able to get ten pieces or so of good articles. If you are likely to require more drawings in your Museum, please let me know and I will send you what I have for your consideration in order to prolong our friendship to the last and have my name also known to your people for generations to come.

With best wishes to you,
I remain,
Yours very sincerely,
Pang Lai Chen

二

庞莱臣致吴湖帆 二通

（上海图书馆藏）

第一通

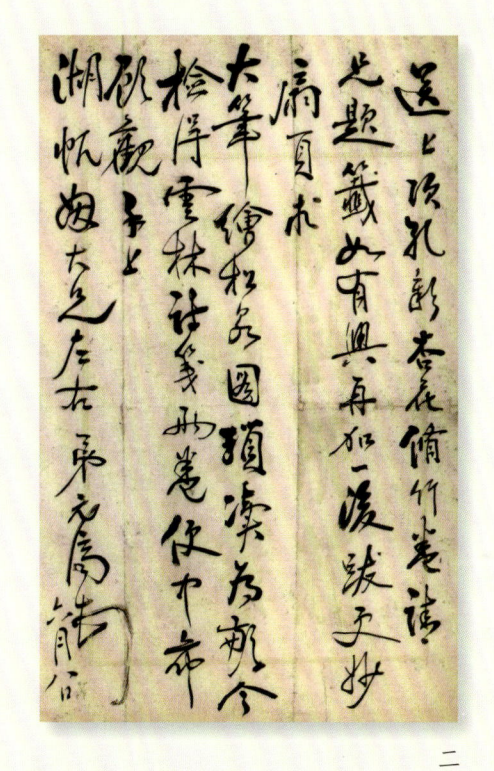

一

手示祗悉 昨南巷在此处撷影时谈
尤承取顾荷因钧务在沪尚未返里遂尔
匆匆未及畅谈所见云林二帧此前途中亦
焦宅亦有携来一观云拟今天乘轮回傍
晚至
尤浮驶希 钧同毂孙甸晨敬高兄观仲
昆仲钧长驶同赴麦瑞豪敛藉以畅叙设
早光尤幸手上
湖帆姻大兄左右 弟庞元济顿首
三月廿日

二

送上顷礼彰杏花僧竹壶请
先题籤如有兴再加二跋跋犬妙
扇页亦
大笔绘松雪园额蒙为题今
检呈云林诗笺两幅俟中帝
颁观 手上
湖帆姻大兄左右 承元济顿首

第二通

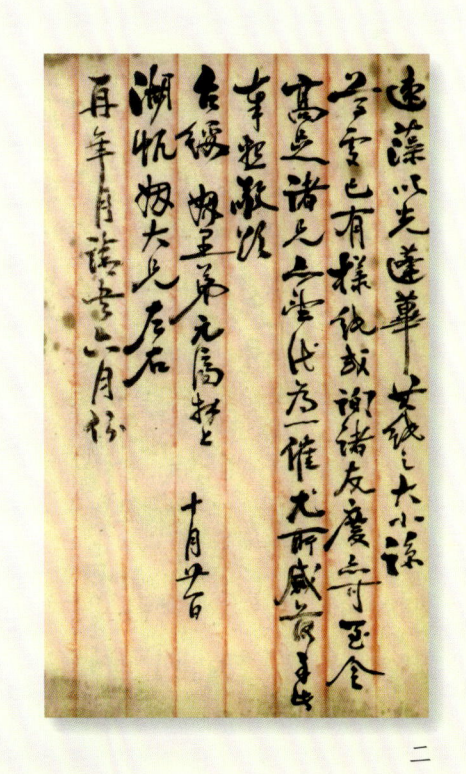

一

前日车钧未豪
光顾因余午餐不敢固留谷已者遂挫
以笺多未承此次起苏带诸名迹作壶
诸挝阁钧阅如许见未有至
兄大作谓承兴送
昆臣藏顽画好西物异好现在又须往苏敛如前旦画束
异来珠血此现在又须桂苏敛如前旦画束
借绘松泉园额竹

二

远藻以先蓬荜 芜笺亦大小谅
尊云已有样纸或谢诸友度之可至令
高迟诸见字芸氏为一难尤所感款
手翌敬颂
台绥姻至弟元济拜上
湖帆姻大兄左右 弟庞元济再拜
十月廿日
再年月请杏六月拜

吴大澂致庞莱臣信 一通

（私人藏）

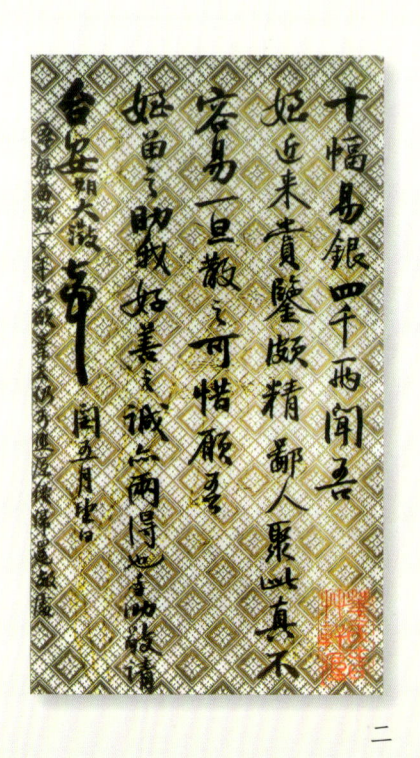

一

莱臣贤姻阁下夏初到湘通
音悼念感心绪去夏久未通画
为歉鄙人今年时运不佳顾助善
举四五千金以清宿情频年画
精善撰以四王恽吴画轴精多

二

十幅易银四千两闻吾
姻丈来贵鉴嗷精鄙人聚此真不
容易一旦散之可惜贱名
姻兄之助致善之诚二两同□□□□
台足期大澂顿首 闰五月七日

庞莱臣致刘承幹 二通

（上海图书馆藏）

第一通

第二通

庞鼎君

苏州总商会档案中庞鼎君函稿 一组

（苏州档案馆提供）

苏州总商会档案中庞天笙函稿 一组

（苏州档案馆提供）

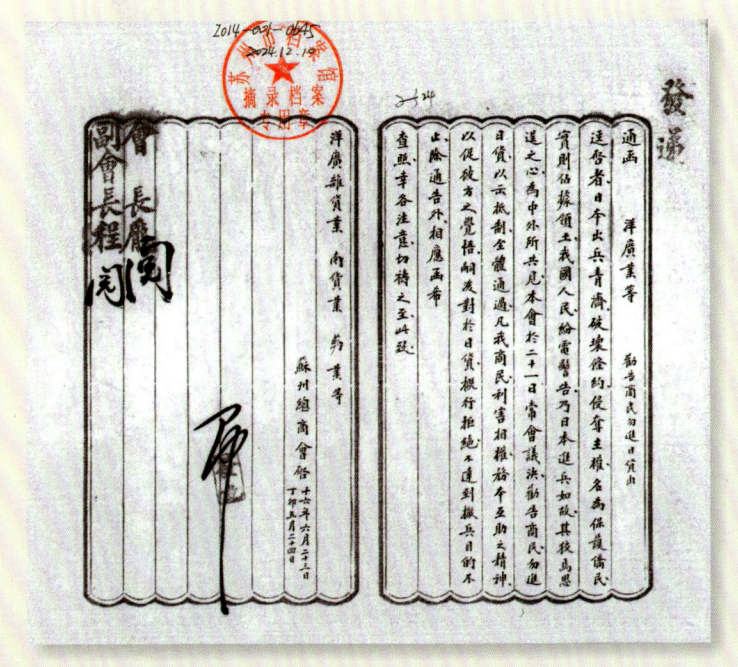

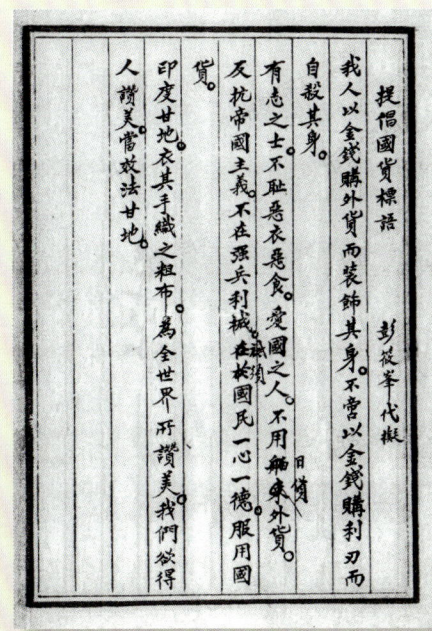

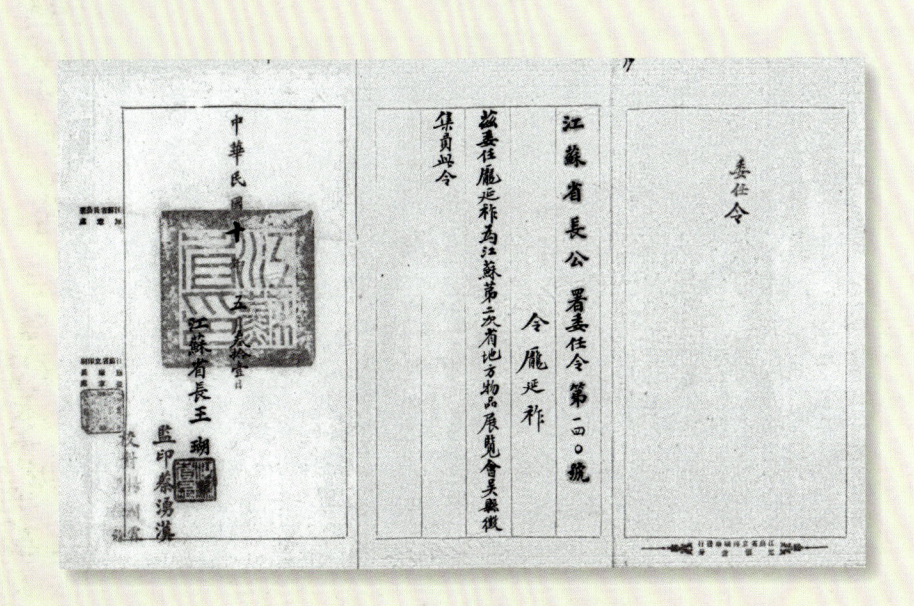

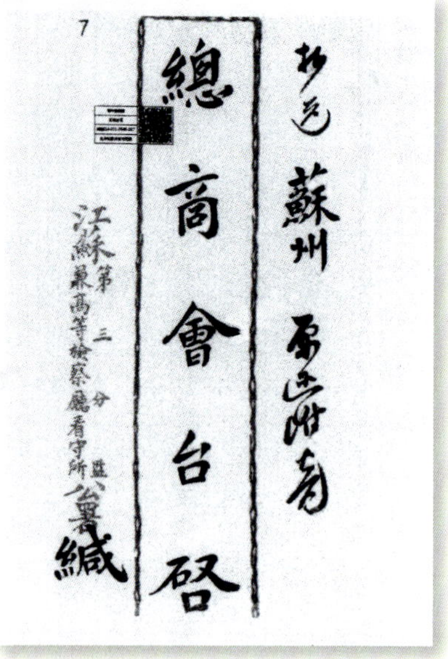
7
蘇州
總商會台啓
江蘇第三分監

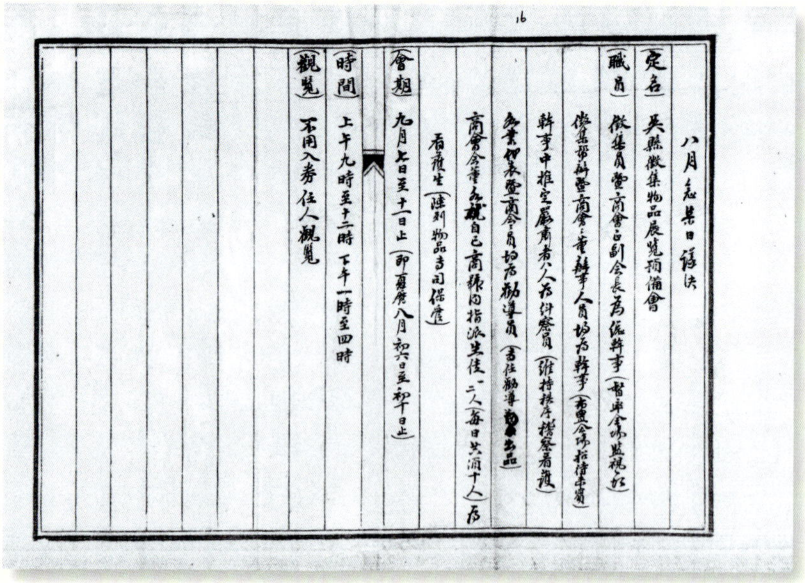
16
八月念柒日議決
（定名）吳縣徵集物品展覽預備會
（職員）徵集員暨商會正副會長為總幹事
（會期）九月七日至十一日止
（時間）上午九時至十二時 下午一時至四時
（觀覽）不用入劵 任人觀覽

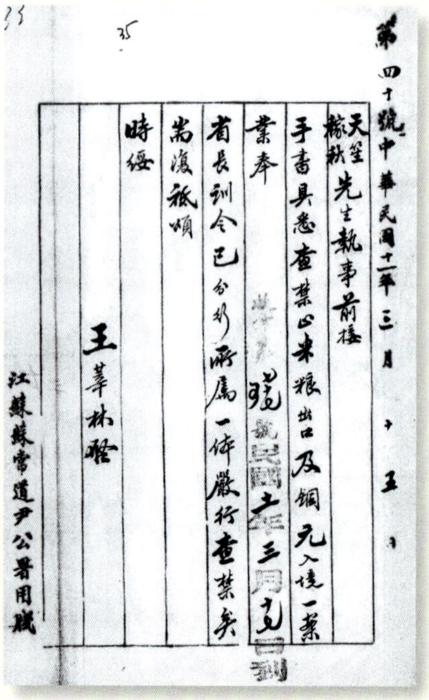
35
第四十號 中華民國十二年三月十五日
天笙 稼秋 先生執事前接
手書具悉查禁米糧出口及銅元入境一案
業奉
省長訓令已分行所屬一律嚴行查禁矣
時綏
王華林啓
江蘇蘇常道尹公署用牋

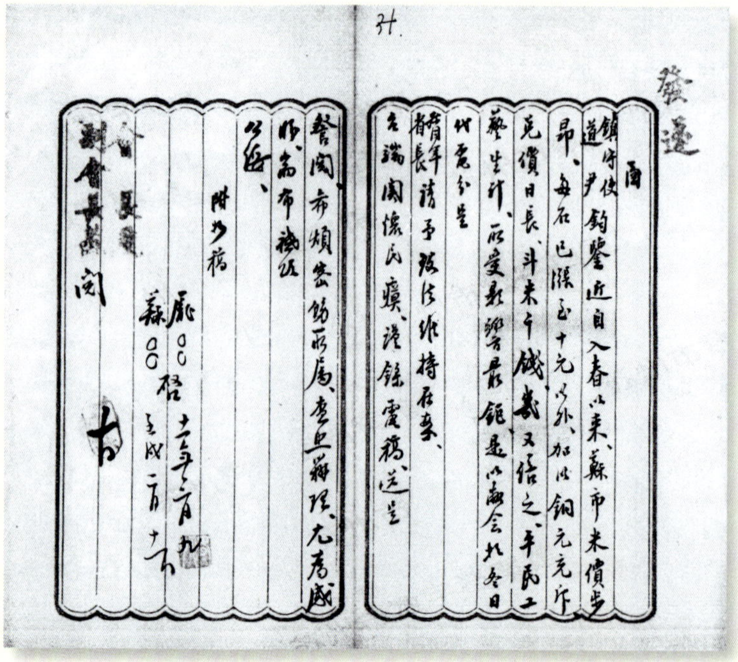
34
發還

庞天笙致刘承幹 一通

（上海图书馆藏）

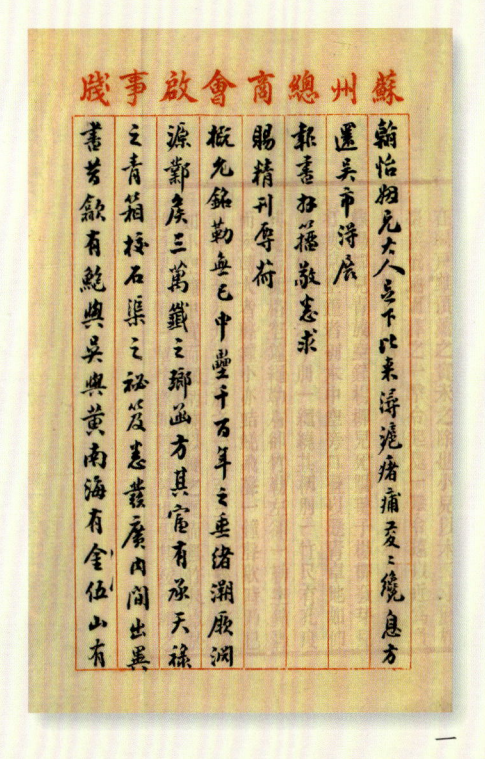

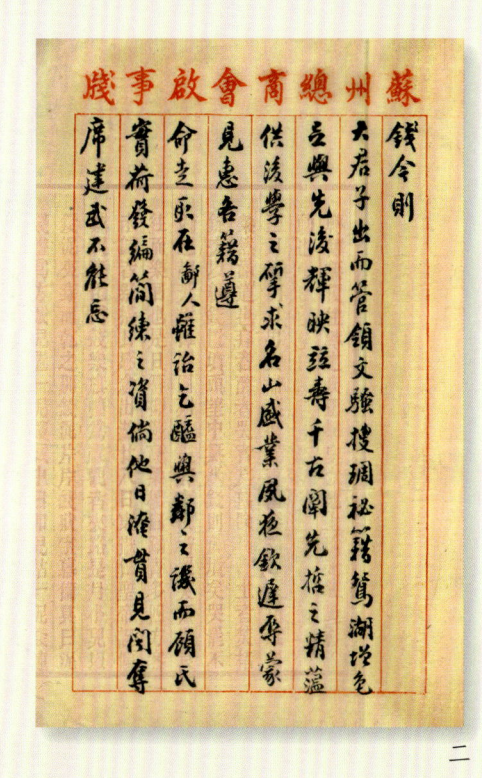

一

苏州总商会启事笺

翰怡仁兄大人阁下：比来浮沉猪痾交之绕虑方
逻吴市浮岚
邮寄扛福敬承
赐精刊厚荷
枞先铭勒无已中垩千万年之垂诸潮厥润
源鄞庾三万籖之郦函方其寔有承天禄
之青箱搜石渠之秘笈悪叢广闲出兴
书芳歆有鲍与吴兴黄南海有金伍山有

二

苏州总商会启事笺

钱令刚
大君子出而管領文骒搜珊秘籍笃潮培兔
云兴先凌释映琺寿千右阙先搢之精蕰
供後学之肇求名山盛業风蒐欽進季蒙
见惠吾籍遄
命之永在鄞人鏎治之酾与鄞之议而顾氏
资荷发编简练之资倘他日滩賈見閎俾
席建武不能忘

三

苏州总商会启事笺

宗工语植陲情也萧此吟谢敬请
箸安
　　　弟庞延祚 顿首
　　　十月初十日到

盛宣怀致庞天笙 二通

第一通

一

天笙先生台鉴：谨启者，此家产故对之次玄合同卷为饷欵每
甑拷昨呪仿未柏封，阁下届次催宝亦欵此宝在寺计可记念
责不得己将济大典，盖找源大典初欵喷之欵速付在江苏银行先集
有武为元否少壹蔑元此类文足帮此之八转瞬年闲之店存
天恕揁失是心揁请，阁下代办将前存江夫猿银行及现在筹浮
或为元把，阁下代办军政府其猿两报里锦壹等扬谚代为铃哇
会先行票掌军政府日柏封别有寄义心肠岗同福利济大源大等典
反厨早日发卖後，节氐願揭封之泼卵南俆宝，盛家弄及沿马铬房产又
中市佳宅外连现租级莊房产缴允各茅，暂时枇作偿物一面由氐起
济大典盖找源大典及同肠痞同福利央次货物陆续归欵

第二通

一

天笙先生大鉴顷间
台駕来金银以年闲多庄欵搋揁结束郴宓各店夫欵平
己一再催收令己除夕之矣省诸被浮请
先生向名庄碌
为郑情展绵過年势得有庵心英揀作偿多庄似心儘
为放心新此唇壁蘇枝彭西涯未之供自有的宝料纡夫不佼
公等为难耳此上即颂
擡
　盛寿记谨上
　　　大除夕
因章

二

物次不有黑闲下也诸货请心威假余此再病腋末金祢状纪论	

代海寺纳章佛盖话

　　　　　印
台考　　　威许向诣诖
济大典 捡谘欵拾山七斤　共欠纹壹 (中·佑伯陆桨住书生小亠)
义分栈 共欠纹式底玖, 捌百伍拾拜山七小
同肠癒 共欠壹氈三品诖百拾山二六小
同福利 共欠壹亷吕陸拾山七八小
江陰源大股典 拾在晉兹兖个
　　　　　　共欠纹陸百叶拾壹山六小·
盛掌记陆拾四山六伯 百陸拾伍山主小
　　共欠陸拜寺 山
　　　　　　印
又另

二十四百亩
钱四分三厘
　　　印

张赓虞致庞赞臣 一通

（上海档案馆藏）

一

南浔镇商会启事

赞臣我兄惠鉴别后深以为念启者
馆方面申湖往来之水道向甚浅隘毋待
行旅颇多不便今岁天时亢旱交通尤
有停顿之感乘时疏濬实属必要而鄙
该苕斋馆士绅侯人和先生等已任募
起辦理此事因我镇人士往来该道去为
特邀弟共同合作事关公众利益自难推
辞经在湖州书馆各地积极进行募捐

二

南浔镇商会启事

用雄幸已粗具眉目今日（二十二日）侯人和
先生来会述及已择定明日開工惟综计
所需经费在七千元左右兹勘荡两择不
過二百元之多因念该通水沿货船往来
頗多拟請上海水泥公司刘鸿生先生顾
利在念宏使利及水道交通之改善酌量手以
接盟俾工事不致中輟该事除肓飯侯人

三

和先生等業已具函向鸿生先生请求外拟
借重
台力赞助势祈
兄抽暇访晤鸿生先生面拉兰萬一有
所未便亦希
兄玉代达一切是所至感需上即頌
大安

弟张赓虞谨启

四月二十六

刘承幹致庞赞臣 四通

（上海图书馆藏）

第一通

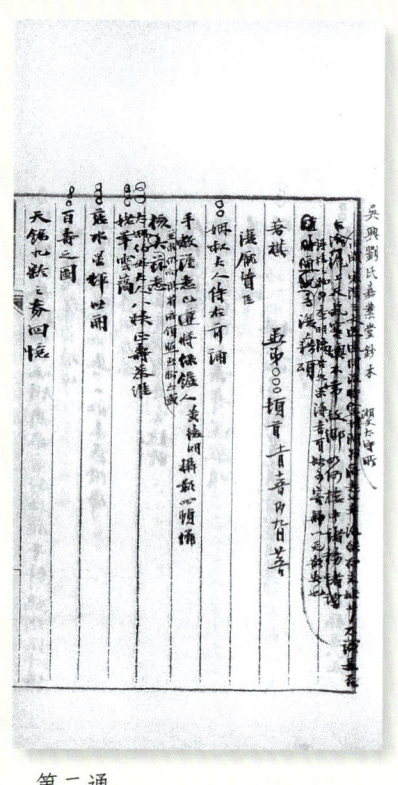

第二通

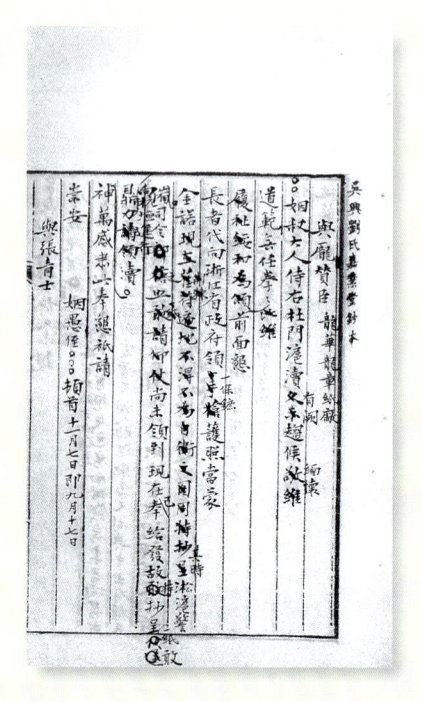

第三通

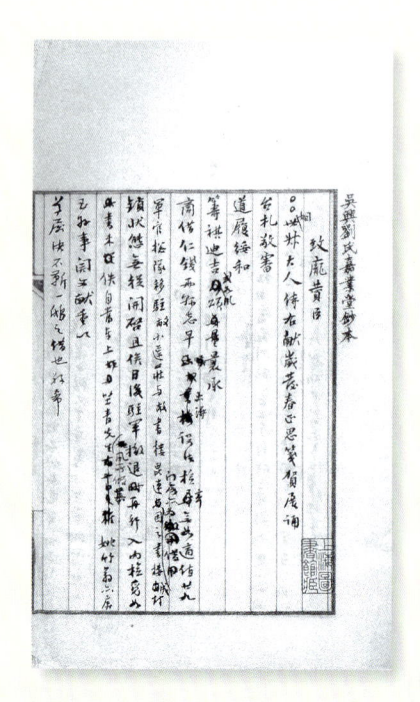

第四通

庞赞臣致刘鸿生先生 一通

（上海档案馆提供）

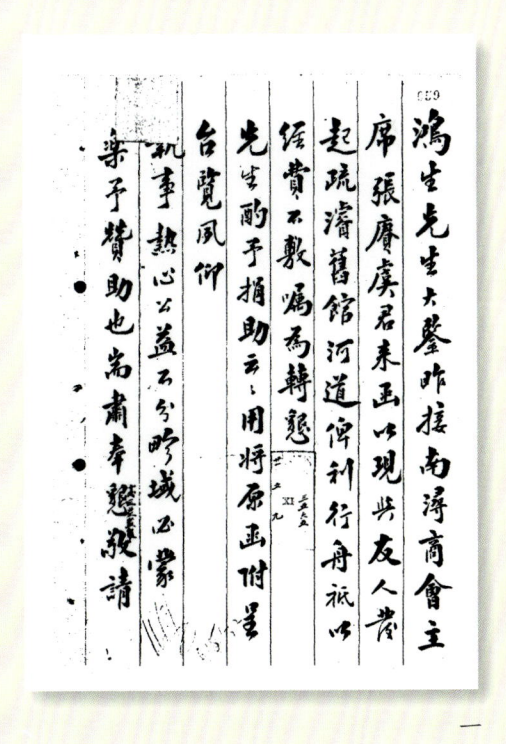

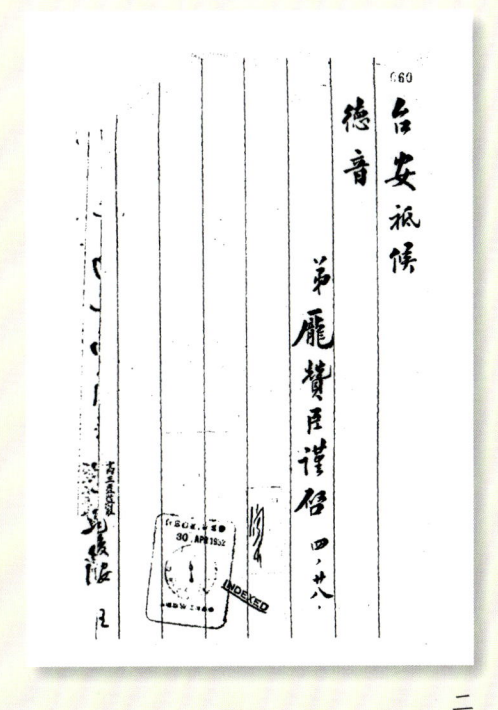

鸿生先生大鉴：昨接南浔商会主席张蘧庼虞君来函，以现兴友人筹起疏濬旧馆河道，惟刊行舟祇以经费不敷，嘱为转恳先生酌于捐助云云，用将原函附呈
台览。凤仰
执事热心公益，不吝畛域，必蒙乐予赞助也。耑肃奉恳。敬请
台安。祇候
德音

弟 庞赞臣 谨启 四、廿八

庞中行

庞中行函稿 一通

（苏州档案馆提供）

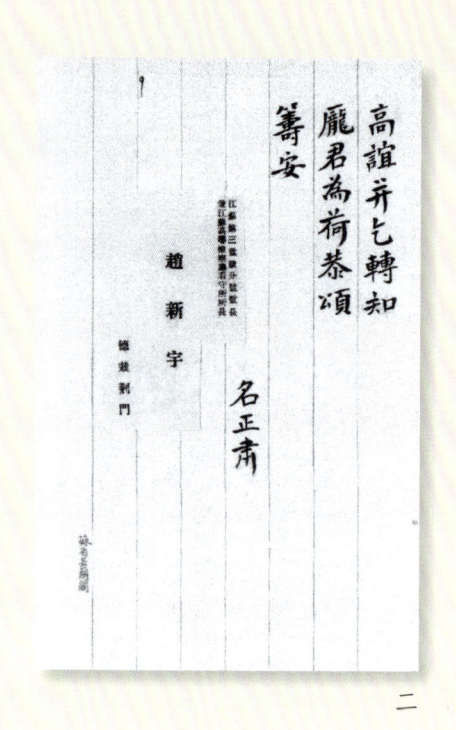

一

二

庞中行致吴让之 一通

（私人藏）

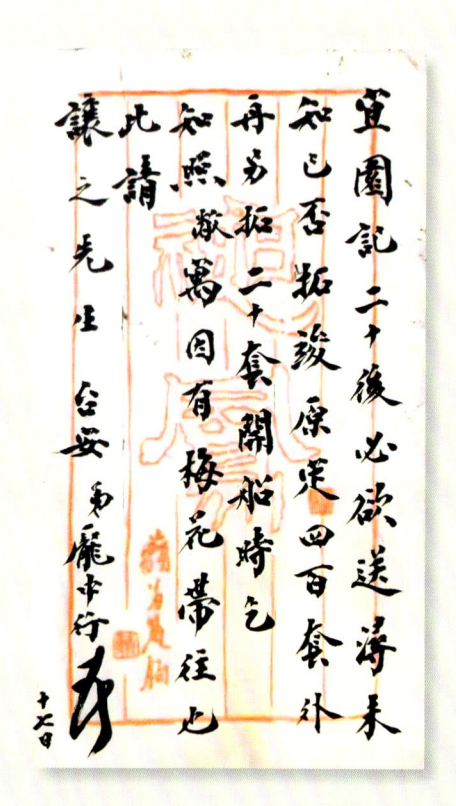

刘承幹致庞中行 一通

（上海图书馆藏）

其他

刘承幹致庞襄臣 一通
（上海图书馆藏）

刘承幹致庞青城 一通
（上海图书馆藏）

刘承幹致庞维锡 一通
（上海图书馆藏）

照片

庞莱臣

讲信修睦——南浔庞氏史料新发现

庞莱臣七十岁像
（刘旭沧摄，庞增祥提供）

庞莱臣八十三岁小影
（陆剑提供）

庞莱臣遗孀贺明彤
（樊愉提供）

庞莱臣与上海总商会同仁合影，第二排左三为庞莱臣
（陆剑提供）

庞青城

庞青城持扇照
（庞天中提供）

明信片上的庞青城
（陆剑提供）

庞青城（右三）与王正廷、唐绍仪等人合影
（陆剑提供）

庞青城继配夫人周琳晚年像
（陆剑提供）

上海军政府为蓝天蔚北伐饯行合影
中坐左起第四人为陈英士，第八人为王一亭；
后排左起第一人为庞青城，第九人为姚勇忱

庞赞臣

庞云镠弟、庞赞臣父亲庞桐笙
（庞孝镛提供）

盛年庞赞臣
（陆剑提供）

1921年庞赞臣（右三）在纽约与参加万国丝绸博览会中国代表团合影
（陆剑提供）

庞襄臣夫人邱云卿
（金曾祥提供）

庞襄臣次女庞美
（金曾祥提供）

讲信修睦——南浔庞氏史料新发现

本家 后代

庞秉权妻郭蔓英
（萧峰提供）

庞青城长子、庞景麟嗣子
庞秉权（衡平）
（萧峰提供）

庞青城次子、庞莱臣嗣子
庞维谨（秉礼）
（唐薇红提供）

晚年庞秉侠（后中）、庞莲（前右）、庞惇意（前左）
与庞中天夫妇合影
（庞天中提供）

庞青城三子庞秉侠妻朱玛丽
（金曾祥提供）

庞青城四子庞秉宏
（萧峰提供）

庞青城女庞韵（中）与侄女外甥女合影
（萧峰提供）

庞韵丈夫陈则民

庞青城女庞心铁
（陆剑提供）

庞青城的五个女儿合影
（萧峰提供）

庞心铁丈夫、徐润孙、实业家徐雨孙

庞青城女婿、庞莲丈夫、康有为次子康同凝
（陆剑提供）

庞青城女庞四宝
（萧峰提供）

庞青城女庞悙意
（陆剑提供）

庞增和、增祥生母居菊珍（左）与庞襄臣女儿庞美丽合影
（金曾祥提供）

庞维锡夫人金芷（绵绵，右一）与母亲及弟弟妹妹合影
（金大昕提供）

庞维锡长子庞增和、王念瑛夫妇结婚照
（樊愉提供）

庞惠玉、庞增和、庞增祥三姐弟合影
（金大方提供）

庞仁（左）、庞佩兰、庞淑兰（中）三兄妹合影
（萧峰提供）

堂房支系

讲信修睦——南浔庞氏史料新发现

庞中行（复庭）五十岁小影
（严仁瑞提供）

庞中行合家欢
（严仁瑞提供）

庞中规（夔庭）一家合影
（严仁瑞提供）

庞中规子庞秉陶
（陆剑提供）

庞秉陶一家合家欢
（严仁瑞提供）

庞中行子女幼时合影
（陆剑提供）

陆剑（左）与庞中行后人严仁瑞合影

庞氏家族族长庞天笙
（樊愉提供）

庞天笙夫人徐太夫人
（樊愉提供）

庞天笙长子庞奉之夫妇合影
（樊愉提供）

庞天笙次子庞君度
（庞其捷提供）

庞奉之长女庞景瑛与著名钢琴家、音乐家丁善德结婚照
（丁芊提供）

庞奉之次女庞左玉与樊伯炎结婚照
（萧峰提供）

庞奉之长子庞其祝
（陆剑提供）

庞奉之次子庞其方一家合影
（樊愉提供）

王安忆外婆茹庞氏
（王安忆提供）

其他

南浔宜园湖心亭及九曲桥旧影

宜园夕佳亭旧影

庞莱臣创办的杭州通益公纱厂大门旧影

庞莱臣创办的上海龙章造纸厂旧影

修缮前的庞氏祠堂

维修中的庞宅

碑刻

庞云镨墓前牌坊石柱构件（上有"内阁大学士、直隶总督、通家愚弟，李鸿章拜题"字样）

庞氏宗祠界碑

光禄庞公祠记

光禄庞公祠记拓片
高153.0厘米，横76.0厘米
（庞氏展览馆收购）

清赠光禄庞大夫公墓表

清赠光禄庞大夫公墓表

前督办广西边防候补四品京堂闽县郑孝胥譔并书

公讳云鏳字芸皋世居乌程县之南浔镇幼读书警悟异常童年十五习丝业精究生计病父聪泉公游幕湘中公奉母黄太夫人以从居母辛亥骨立服阕之上海数月聪泉公为公授室出箧中金二百使营丝业初咸丰十一年粤冠自苏州犯湖州陷南浔公避之庐州未竟而族人听居尽燬公遂独携数倍蔑利然为进退获义莊蔚下河塘堤挟宸俗好溺女公倡立育婴堂筹振輸巨资以赡而完之更闻宗祠旧业视市盈虚兴废公持宣不出镇中张民蒋氏合资归里买田宅设典肆后为复建义及杭州樣晓游苏州见清節堂规制而善之立倣行族人听居尽事全无算又立湖郡楼流所建坊给子乐善好施字摐庆士方舟公之次女殁时年甫二十姑歃骨亦能析资因擅之公遂独携数倍奏酒宗祠旧业视市盈虚兴废公持宜不出镇中张民蒋氏合资归里买田宅设典肆后为复建义及杭州样晓游苏州见清節堂规制而善之立倣行婦嚴謖事常如不及夫人尤力贊之公殁人師赏擅方幼侠好义出绵
市甚盛眾商貪利爭趨之公謂國貨不能自售而權操於外人此危道也逐利不止一敗將不可振即粜去未幾國朝富士大夫皆樂與游予既習闻公之行事乃序次之以訊来者

梁溪吳荣刻
宣統元年冬十二月
絲貨壅滯洋商抑之皆大折閱公破產倾家者相望而以

庞云鏳墓表拓片
高 161.0 厘米，横 80.0 厘米
（北京大学图书馆藏）

世述堂记拓片

高 107.0 厘米，横 54.0 厘米

（南浔区图书馆藏，王省捐赠）

《南浔庞氏世述堂碑记》书影

庞君元浩保障乡里颂

归安朱祖谋撰并书

庞君元浩保障乡里颂

岁在星纪之次橇槍趚於吴越蔓爾南浔界於其間彭城地小實為吴晉夷庚召陵師還乃責鄭
東共意小劫為營長民不堪命继時庞君元浩適任商會會長偕水警區長榮保齊圖宣圖總
殿梅暨在籍士紳迎師上弦高將過境者命國僞抗辭乘韋搞師泰帥知其有備請環滬許宣子義而
弗求自八月至九月主客各軍過境庞君儒丐道君審機應變協力行善更得旅滬諸鄉老資義以
鉅金淳危而復安矣鄉里之命相望皆俙代勘亦其義澳弗護之意緇衣好賢以誌
之心也昔子雲之表充國孟堅之序戴侯皆之德丐記出雲雅用文我鬱敢斯澳弗美頌曰抽繪相屬
鏐水之西襟帯江之桹懷遠俙舒体軷勞水漾彰揚休頌緇衣好賢
雲昔雲之驛輨相望千夫家俙禮讓雅近用文以誌斯義澳弗
纓聚族馬生郊通夫樹今此通津相見丐峯遶俙俗余為文機抽繪
風雲戎賔夫販遙爾皆逈誣匪仰古今介廉乎隱漾文我鬱鬱曰抽
鎮伊昔吴越爭衡禦䢋千里夫家俙禮讓出雲風古今乃運際兵有潰女不豫兼收群策以成
無分疆條割據既整擊俙以壹漿彈丸黑于時供給不遑織兵有潰女不豫兼收群策以當偏師以争
行需扉庞資糧搞以餘糶維時供給不遑織兵有潰女不豫兼收群策以當偏師以争機耕夫朝率蟄民情
波湧加以乘隙賈勇呀一争標掠苟以情懇告庶或有濟兼收群策以折衷以兒擊鬱鬱䄙蠆抽繪
抗古有訓危不避難況吾行意且事已亞不輕再計苟以情懇告庶或有濟謀勿成貴於能斷㒞戈平誕穷伊
惟冀翕翦屬羽是襄君有成蕘翁恒是贊眾志成城吴思㒞問正言諤諤午其辭諤諤忠信乃折衷以兒擊鬱鬱
杖鉞誓有麻圉徒啦民未蘇詰吴周愕直䛡諤諤矧我衷武餘刀鏡自畫庭穷子戰接軷一家
秋鼓擊有俙袒兮痌民君如城哭吴腻諤彼軍符如魚讀澤如烏謳畢達穷袒一家連
甲胄禮義君兮洵武君餘徒啦民未蘇㒞轚諤彼軍符如魚讀澤如烏謳畢達穷袒一家連
義甲十檣易度义君餘俙以衛民夫伕嘘橫枯栘嬌嬌龎君儞諤彼軍䄙如烏謳畢達穷袒一家連
鼓既武恕賴米不忍剝膚仁以衛民夫伕嘘橫枯栘嬌嬌於衢路庇賴一方仲黃贏長康成鄭
通祗平還我生聚尺君之刀乃免驚怖英俥始數伊時名賢德庇一方仲黃贏長康成鄭鄉
夷夾英庞君前脩克揚自令伊始伊時名賢德庇一方仲黃贏長康成鄭鄉鳥
之屙常英旟英雜之惠未能悉數時雨時賜禾麻粟麥如茨如梁閭閻安堵魚鳥翔
歟蒙赤奮若之歲仲冬月上浣

吴縣唐仲芳刻

庞君元浩保障乡里颂拓片
高140.0厘米，横96.0厘米
（浙江图书馆藏）

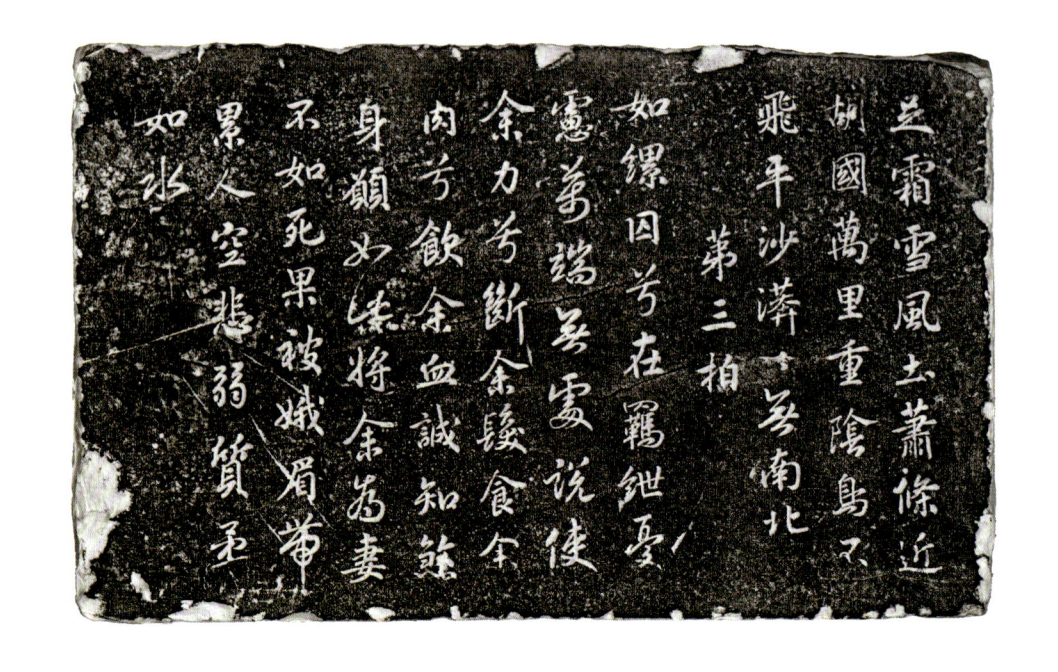

胡笳十八拍

第一拍

漢室將衰兮四夷不賓，動干戈兮征戰頻。哀，父母生育我見此亂芳，當此晨紗窗兮鑑未經事只為珠簾。能蔽身一朝霧騎入中國蒼惶之處逢胡人，分將薄命死鋒鏑，願隨虜塵。

第二拍

馬上將余向絕域獸，生求死不得戎俎，腥膻豈是人狂狼喜，怒難韋息行盡天山。

蘭霜雪風土蕭條近胡國萬里重陰鳥不飛平沙漠兮南北。

第三拍

如螺因兮在羈紲憂憲萬端吳雯說俀余力芳斷余駿食余肉芳飲余血誠知此身顛沛珠將余為妻不如死果被蛾眉辜人空悲弱質柔如水。

第四拍

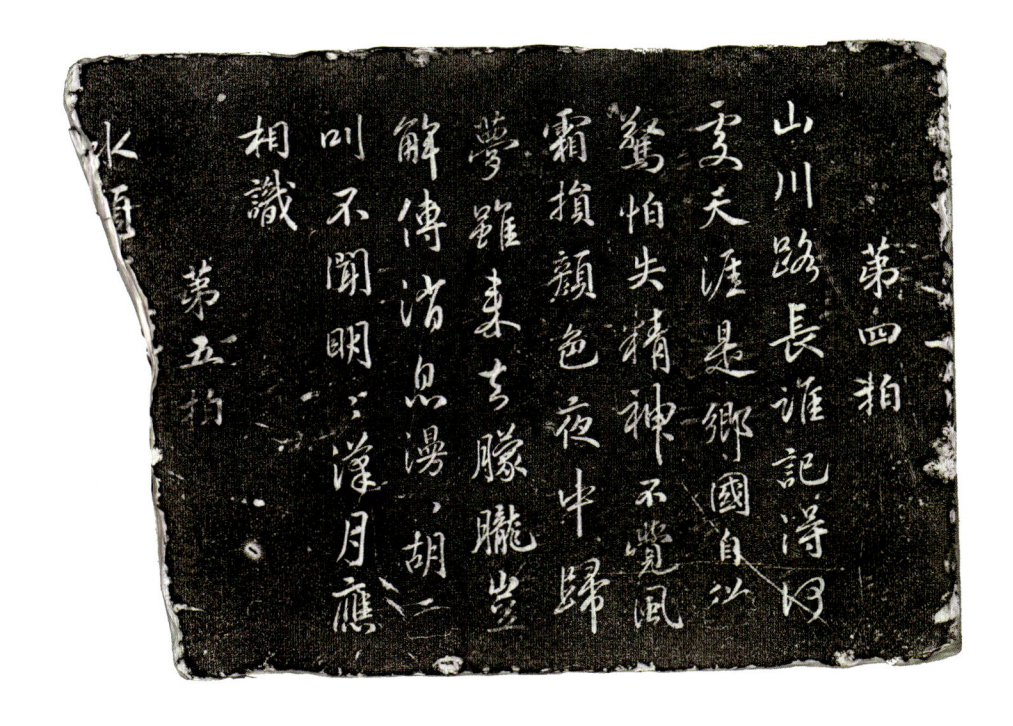

山川路長誰記得
雲天涯是鄉國自悲
驚怕失精神不覺風
霜損顏色夜中歸
夢雖來去朦朧堂
解傳消息漫,胡二
叫不聞明三漢月應
相識

第五拍

水頭

怪是春光不來久
胡中風土異花柳
天翻地覆誰得知
如今正南看北斗姓
名為誰皆閒口不達夜日
經年常開口是張取
興在指掌六語傳
情不如求

第七拍

男兒婦人帶弓箭
塞馬蕃羊卧霜霰
寸步東西不自由偷
生未死非情願龜茲

赵孟頫 胡笳十八拍石刻拓片（局部）
庞氏旧藏，尺寸不一
（湖州市文物保护管理所藏）

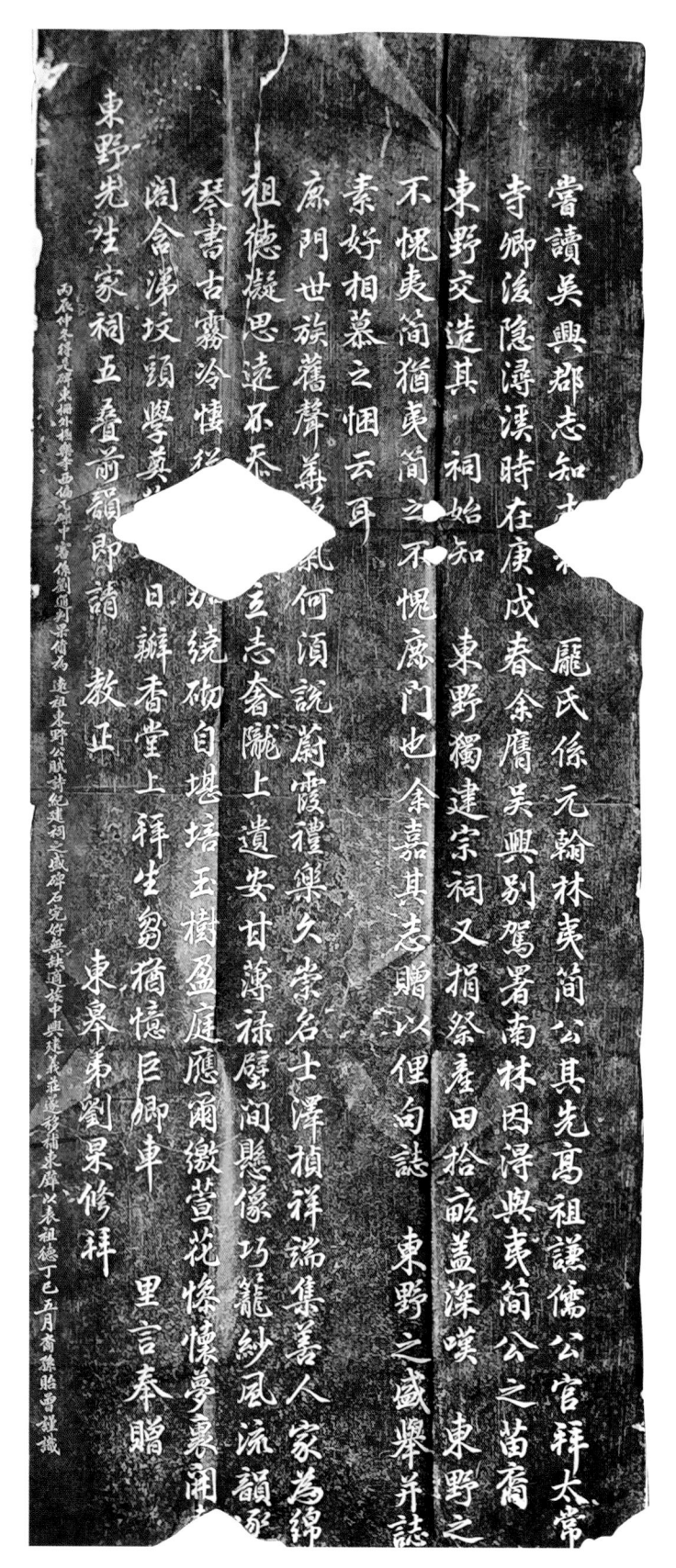

當讀吳興郡志知士寺卿後隱潯溪時在庚戌春余膺吳興別駕署南林因得與夷簡公之苗裔東野交造其東野獨建宗祠又捐祭產田拾畝蓋深嘆東野之盛舉并誌廡氏係元翰林夷簡公其先高祖謹儒公官拜太常東野祠始知廡門世族舊聲籌莫何須說蔚霞禮樂久崇名士澤楨祥瑞集善人家為錦祖德凝思遠不忝五志奢隴上遺安甘薄祿壁間懸像巧籠紗風流爾繳萱花愜懷夢裏甬素好相慕之恂云耳不愧夷簡猶夷簡之不愧廡門也余嘉其志贈以俚句誌東野之
琴書古篆冷懷縈繞砌自塘培玉橫盈庭應爾繳萱花愜懷夢裏甬
閭舍瀟垃頭學英勤日辦香堂上拜生芻猶憶巨卿車里言奉贈
東野先生家祠五疊前韻即請教正　　　　　東臯弟劉杲修拜
丙辰仲冬校見肆中爵拓見東簡公裔孫劉杲修西佃刻石於内署簡公遠祖東野公賦詩紀建祠之盛碑石完好無缺道族中興廷長莊遂影補東壁以表祖德丁巳五月裔孫貽曾謹識

庞东野先生家祠记拓片
高74.5厘米，横31.0厘米
（陆剑藏）

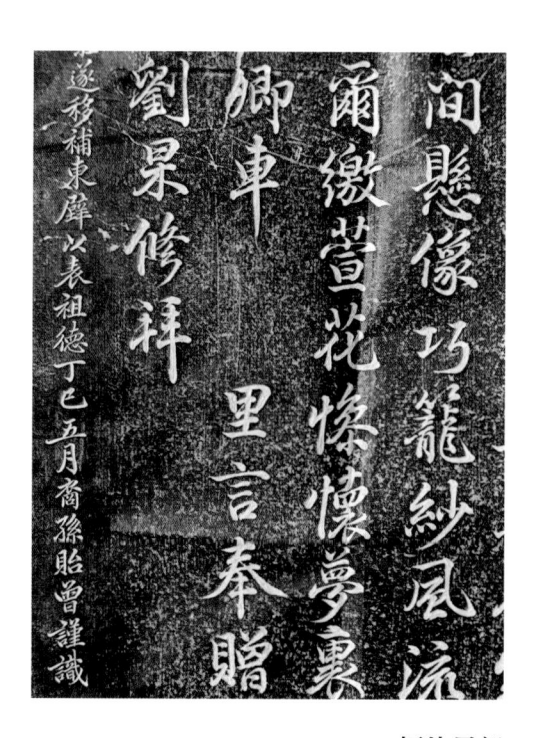

閒懸像巧籠紗風流
爾繳萱花愜懷夢裏
腳車　里言奉贈
劉杲修拜

遂影補東壁以表祖德丁巳五月裔孫貽曾謹識

拓片局部

印章

庞莱臣

赵叔孺"虚斋鉴定"石章
近现代
纵 2.6 厘米，横 2.43 厘米，高 6.85 厘米
（上海博物馆藏）

赵叔孺"庞元济书画印"石章
近现代
纵 0.93 厘米，横 0.93 厘米，高 2.55 厘米
（上海博物馆藏）

"虚斋秘玩"翡翠印
近现代
（庞氏展览馆收购）

庞青城

胡钁 "庞元澂印"石章
近现代
（上海博物馆藏）

胡钁 "吴兴庞元澂青城之印"石章
近现代
纵 2.0 厘米，横 2.0 厘米，高 4.2 厘米
（上海博物馆藏）

"青城之印"玛瑙印
近现代
（庞氏展览馆收购）

股票

杭州崇裕丝厂股票

杭州通益公纱厂股票

上海龙章造纸厂商标

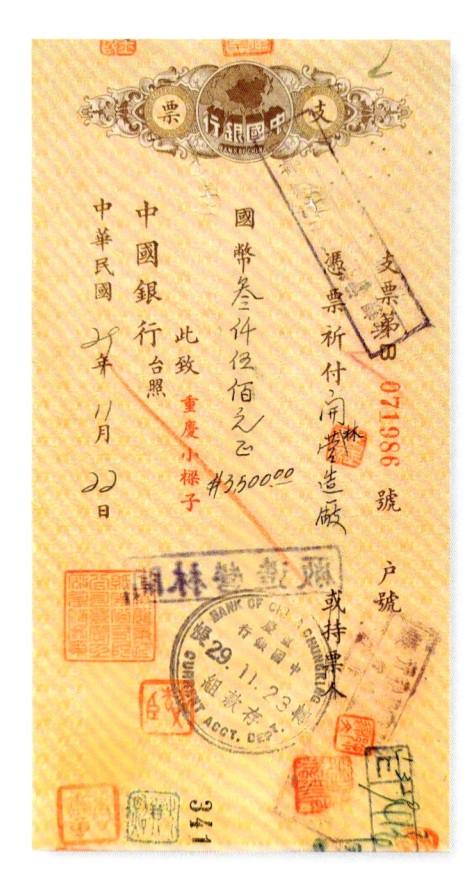

庞赞臣支票

（钱学明收藏并提供）

上海新闻日报社股份有限公司股票

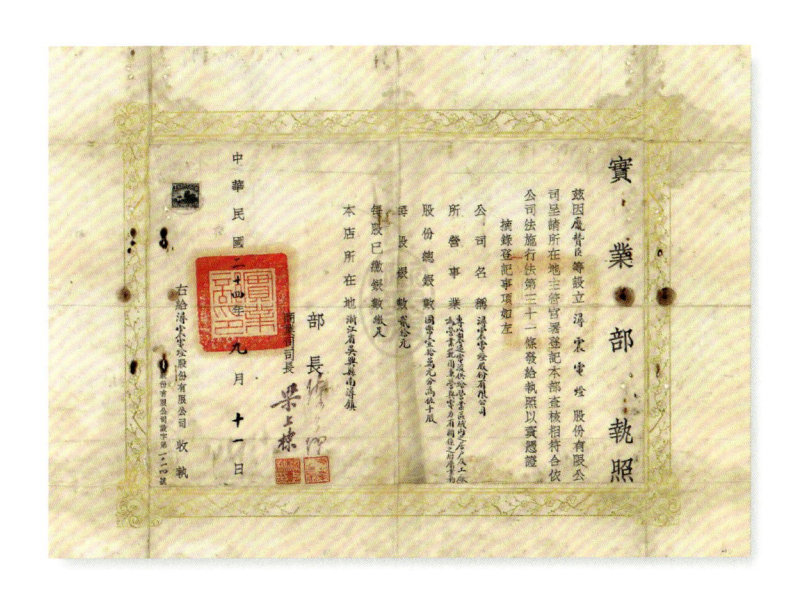

浔震电灯有限公司营业执照

浙江典业银行股份有限公司股票

中国合众水火保险有限公司股票

杂件

庞青城用墨

（庞氏展览馆收购）

嘉誉堂匾额

（庞宅旧物）

庞莱臣藏乾隆年间的鼻烟壶

（苏州博物馆藏）

钧窑鼓钉三足洗

（苏州博物馆藏）

庞莱臣继配夫人贺氏寿碗

庞莱臣旧藏曼生壶

庞莱臣用过的怀表

庞惠玉、姚念曾结婚证书

庞左玉旗袍

文献

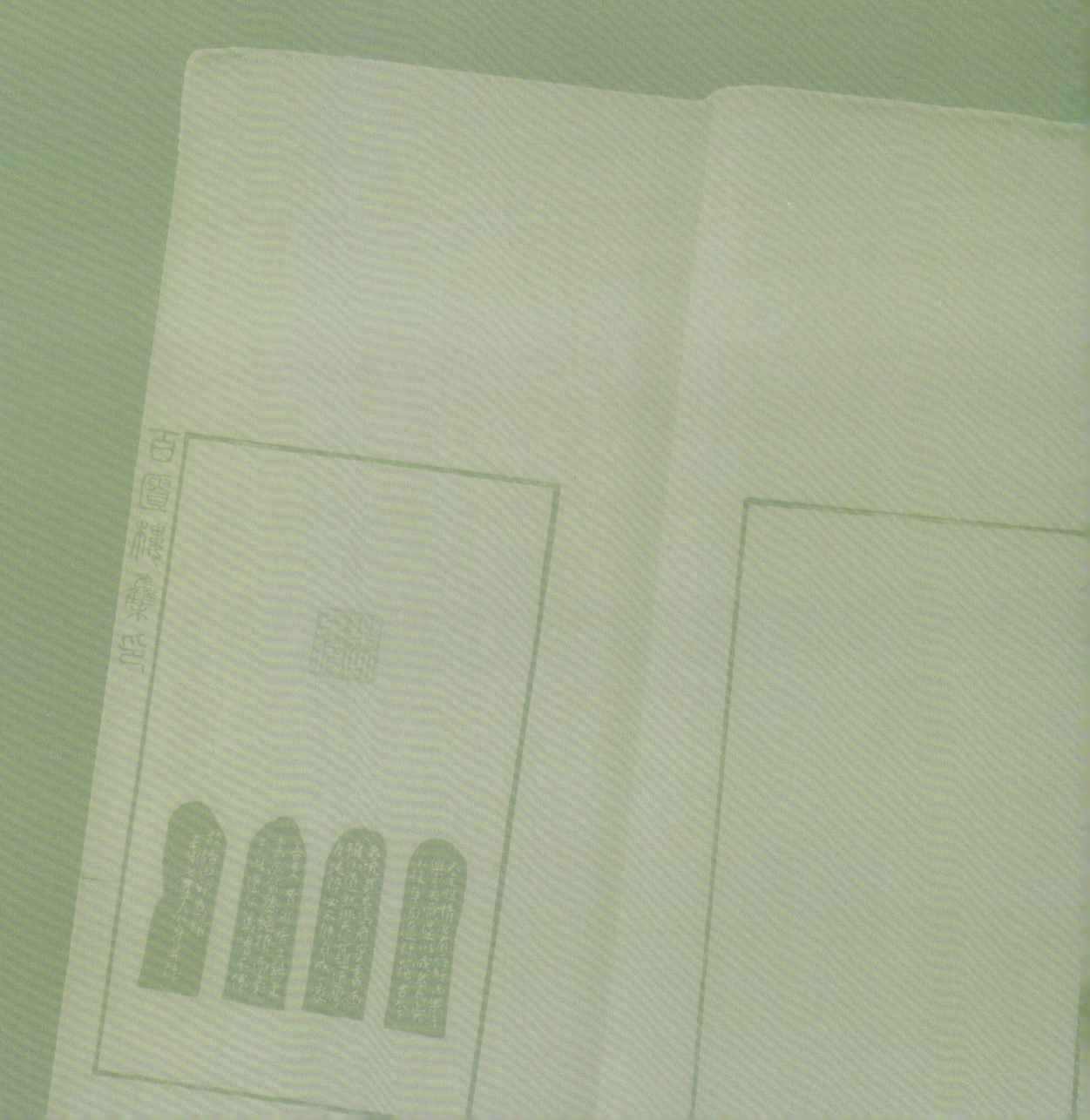

周易翼註

上經

䷀ 乾上
　　乾下

周易翼註

卦為伏羲所畫有交易變易之義故謂之易卦辭文王所繫爻辭周公所繫也

乾元亨利貞

卦辭者言懸掛物象以示人陰陽之氣皆目下而上天者天之形體乾者天之性情天者定體之名乾者體用之名

一奇也陽之數乾健也陽之性六畫皆奇上下皆乾純陽至健故名乾乾元大亨通利宜貞正而固也夫乾天道亦君道人主體乾本天剛以出治當得大通而必利在正固也

五為卦主

夫天專言之則道也分而言之形體謂之天主宰謂之帝功用謂之神性情謂之乾聖人欲使人法天之用不法天之體故不名天而名乾君子以隱居求志窮不失義

初九潛龍勿用

潛藏龍陽物初陽在下有聖德而未通宜韜晦以待時也

周易翼注
庞青城旧藏
（复旦大学图书馆藏）

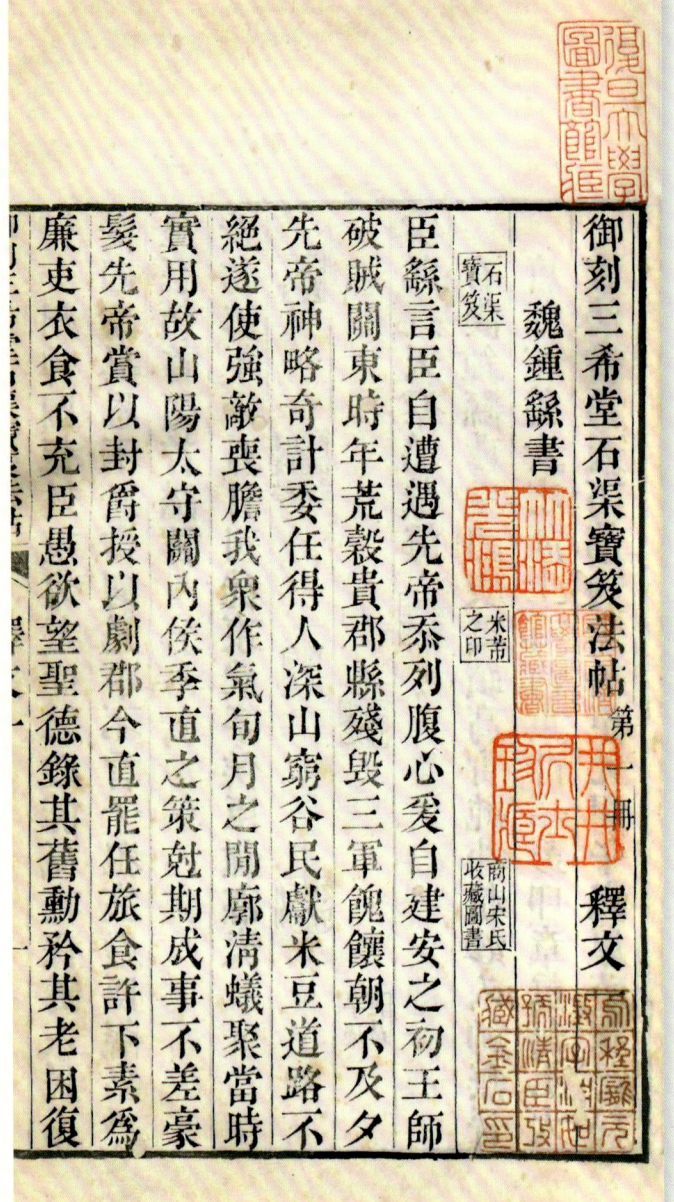

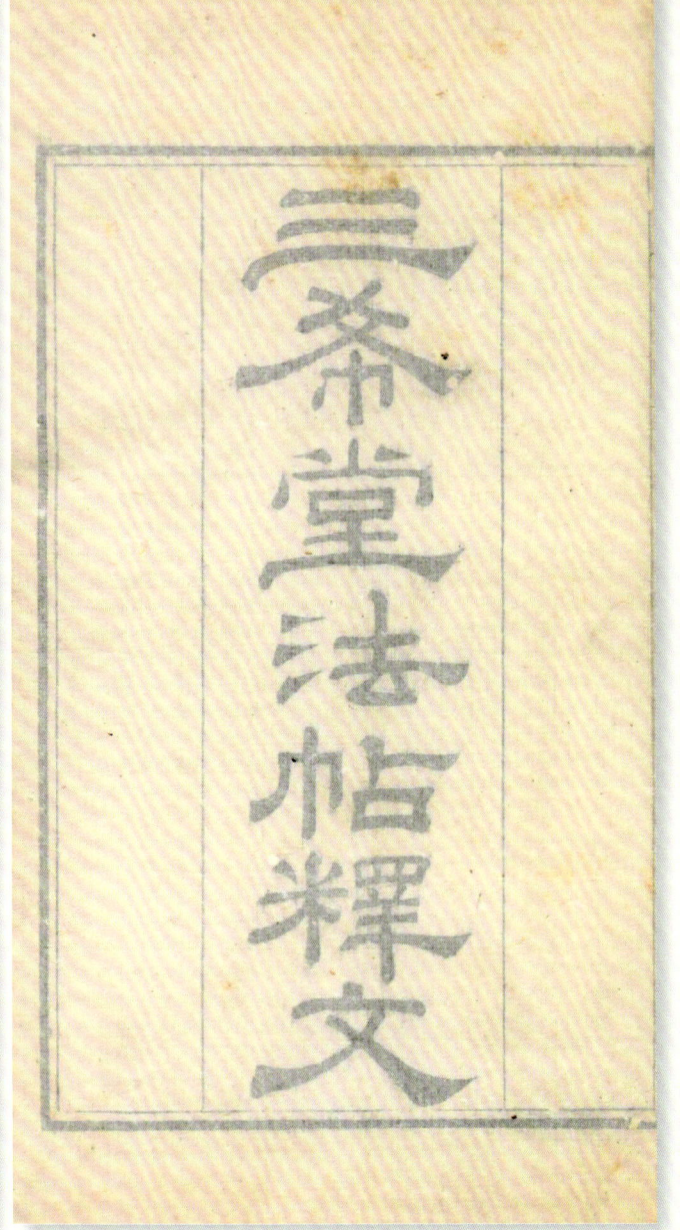

御刻三希堂石渠宝笈法帖释文

庞青城旧藏

（复旦大学图书馆藏）

大唐开元占经卷第一
银青光禄大夫行太史监事上同三品臣瞿昙悉
达等奉
勅修撰
天地名体
天体浑宗
按后汉河间相张衡灵宪曰昔在先王将步天路用之灵
轨寻考本元先准之于浑体是为正仪立度而皇极有逌
建也枢运有逌稽也乃建斯经天常圣人无心因兹
以生心故灵宪作兴曰太素之前幽清玄静寂漠冥默不
可为象厥中惟虚厥外惟无如是者永久焉斯谓溟涬盖

大唐开元占经卷
庞青城旧藏
（复旦大学图书馆藏）

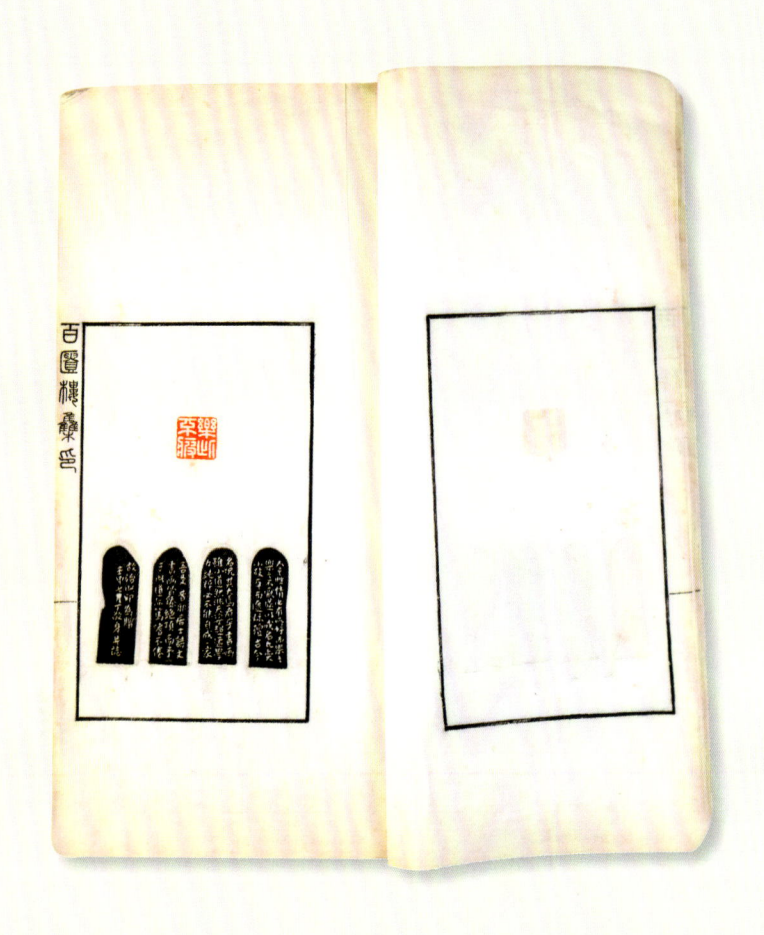

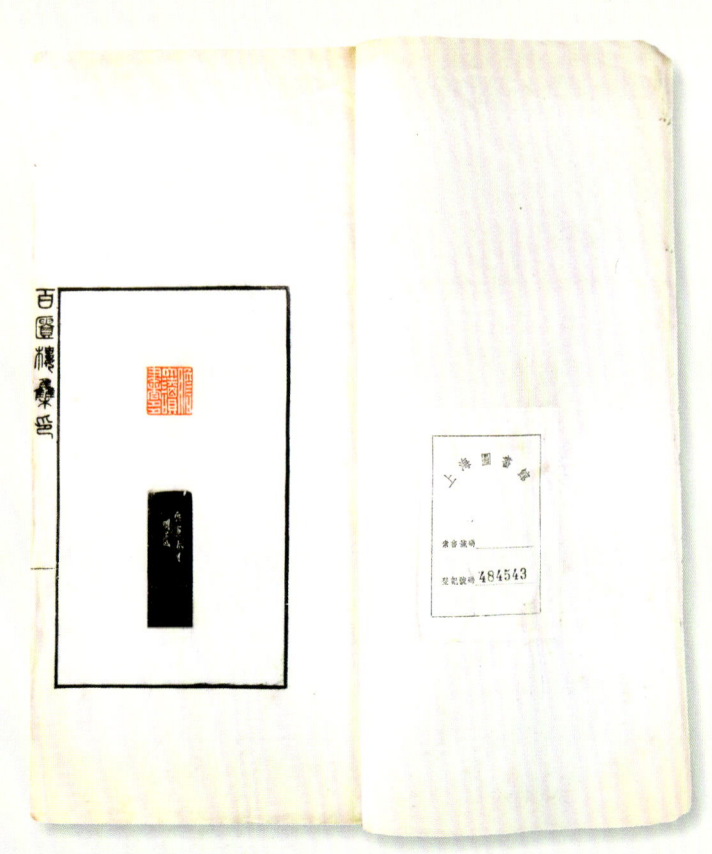

百匮楼集印

庞青城藏印

（上海图书馆藏）

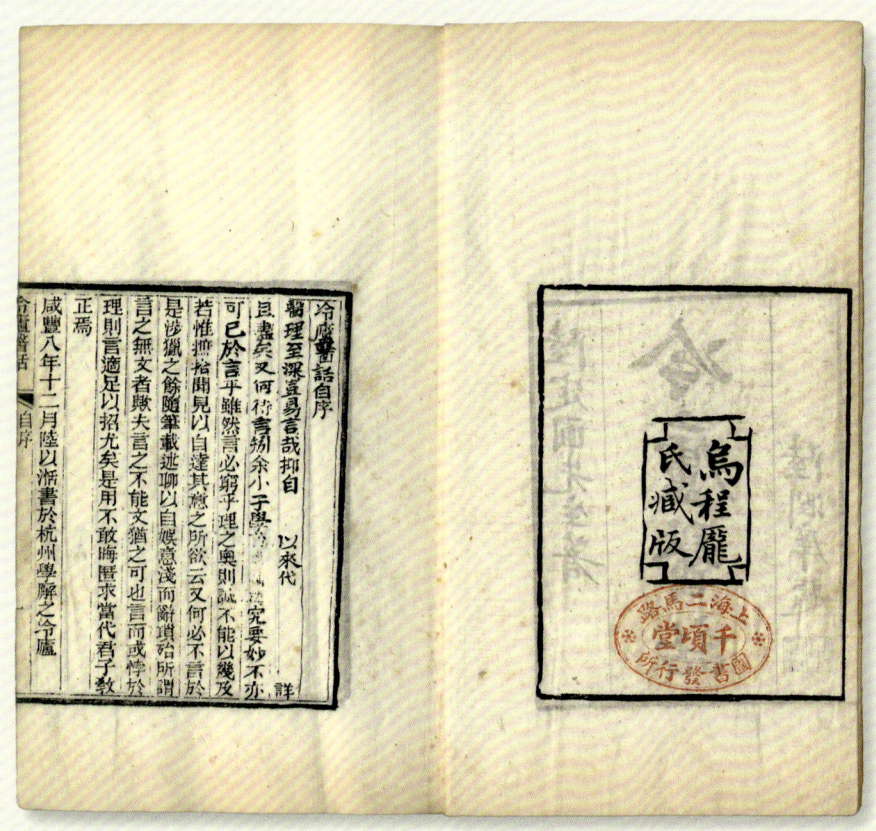

《冷庐医话》
庞青城刊印

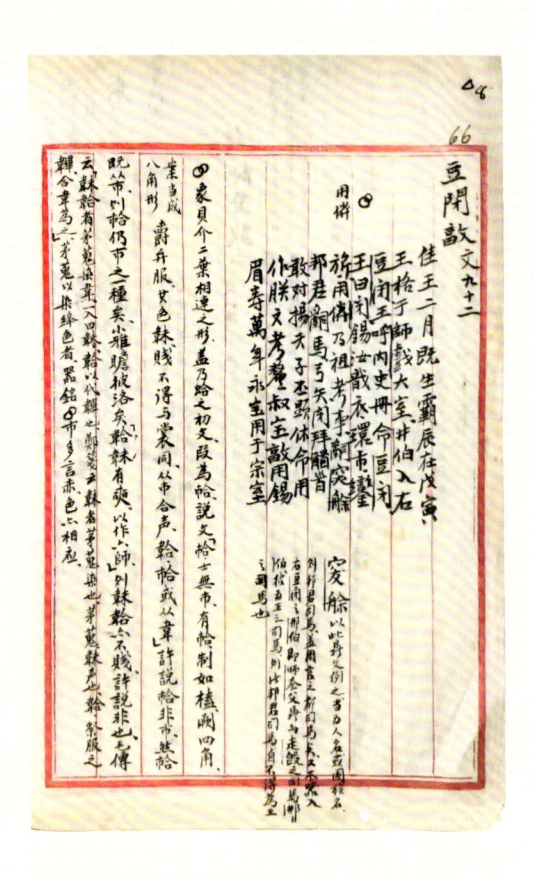

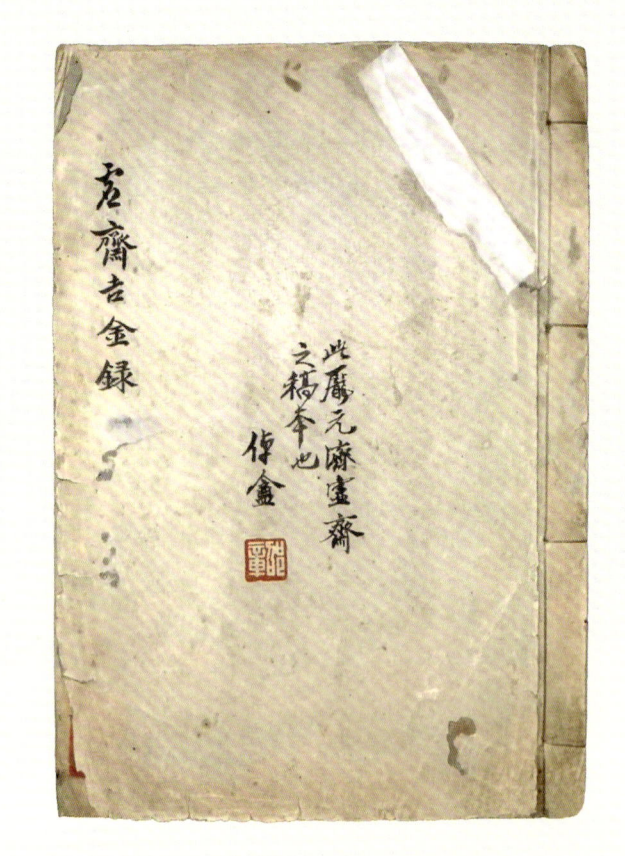

虚斋吉金录

虚斋名陶录
（上海图书馆藏）

南浔庞氏义庄纪事
（浙江图书馆藏）

其他图书

《唐五代宋元名画》

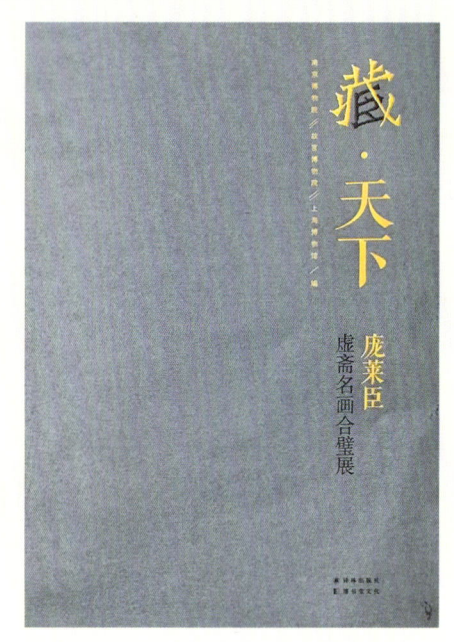

《藏·天下：庞莱臣虚斋名画合璧展》

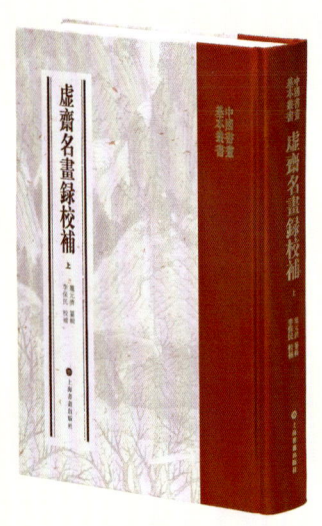

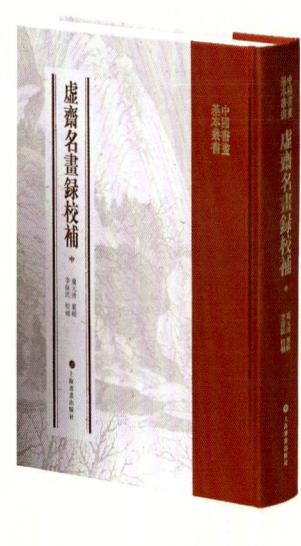

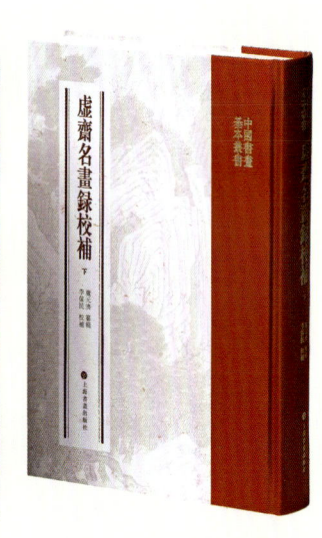

《虚斋名画录校补》

《庞虚斋藏清代名贤手札》

《瑞色凝光：上海博物馆秘藏莲塘乳鸭图》

《我的画家母亲庞左玉》

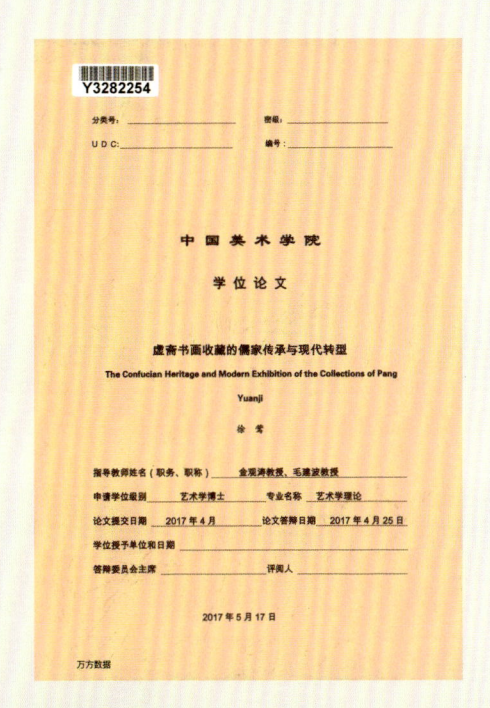

博士论文
《虚斋书画收藏的儒家传承与现代转型》

硕士论文
《庞元济虚斋书画收藏研究》

「书画」

王震 庞虚斋抱兔图

1927年
纵 136.6 厘米，横 69.0 厘米
（上海博物馆藏）

齡讀畫圖

癸酉六月為
盧齋京卿題
長沙曹廣楨

曹广桢题签

癸酉六月萊臣京卿七十生日翰怡京卿以稀齡讀畫圖為壽索賦大裘廣廈福桑梓無人不道龐夫子擔古豸恩觀國光翰邊拜爵浮雲視不慕宦榮烏帽紗君捐賢十餘萬築郡東頓塘長種依如隱西京市上不復問當世事大興實業龍章紙君於滬南創龍章造紙廠羨人德八辦精理集古一錄龐公塘況復號專家泷自鋃萬材藝尤工繪事收藏八官冠絕古今翰苑盧齋名盦錄為世畫文三絶誰與比海內外珍如何掩却畫師名天下嗚三祿善士筆端點滴皆甘霖千萬生靈脫瘡痍展卷驚入鹿門山龎典不波駟蔔扶困年復年行之無勁七十矣君平生作善李氏君家先德吾父執仍世父親篤摹紀顏回夭木家清華當年就學曾居此苾菜先生與先大夫相友善有別業名蘇州顔宏家巷其專帆先木之勝余幼曾請書其中六十餘年矣笑言接里潤之保寺院會養芃花依濟善寺提侶尤力召葺冀堂青嬰殿則興怡京卿二人摯為家乎作記為介雅合之撰畫成雙美翰怡心聯體文劉郎君平其詞皮冠君之賢眉髮鬑似老念遺訓鍾前型世述堂徑平地起布施歎到祗園金藏琢棄等虞舜殿畫化布帛與葑枣加惠甯止一族巳子以傳子孫長飲南陽葡潭水君於先世所立遺一堂顔曰述盡劉郎興君三世文素心對忘年始贈畫如今焉贈言我更作歌頌黃綺白雲堂對名悠然忘形炒契如二旨
秀水沈衛東巢氏初福時年七十三

沈卫题跋

刘承幹题跋

樊浩霖等绘　稀龄读画图
庞叔龄提供

凤凰花石缂丝图

明（1368—1644年）
纵41.8厘米，横64.7厘米
（美国弗利尔美术馆藏）

缂丝蜻蜓荷花图

明（1368—1644年）
纵41.9厘米，横64.8厘米
（美国弗利尔美术馆藏）

缂丝佛手花鸟图

明（1368—1644年）
纵106.1厘米，横88.3厘米
庞维谨、庞增和、庞增祥
1952年捐赠
（上海博物馆藏）

缂丝封侯晋爵图

清（1644—1911年）
纵109.3厘米，横53.1厘米
庞维谨、庞增和、庞增祥1952年捐赠
（上海博物馆藏）

缂丝天姬泛舟送子图
清（1644—1911年）
纵82.7厘米，横43.8厘米
庞维谨、庞增和、庞增祥
1952年捐赠
（上海博物馆藏）

张謇 赠庞青城七言联

吴昌硕 贺庞莱臣六十大寿八言联
（于善明提供）

此境人士于姬妫林明发枝讨起
向今执铎之重玉气宝丙西开蒙玉
绎憬馨多资丙农独习宦睦蒙
箕用典令经师不专而赴业气间
我怅志掌志鲜或是勤诱来玉
邪扰收宏之

芸皋弟尢雅属 冯桂芬

冯桂芬赠庞芸皋书法

（苏州博物馆藏）

徐悲鸿　何旃理画像（康有为夫人像）
近现代
纵 127.1 厘米，横 65.0 厘米
庞莲捐赠
（上海博物馆藏）

南浔庞氏展览馆收购

庞莱臣　"建安元氏"七言联
1943年
（庞氏展览馆收购）

庞莱臣　"风前雨后"七言联
1944年
（庞氏展览馆收购）

庞莱臣　岁朝清供图
1924年
（庞氏展览馆收购）

做米襄陽海岳菴圖
癸酉五月虛齋元濟

庞莱臣 仿米襄阳海岳庵图
1933年
（庞氏展览馆收购）

庞莱臣　仿梅道人笔扇面
1936年
（庞氏展览馆收购）

庞莱臣　兰竹扇面
1943年
（庞氏展览馆收购）

庞莱臣　山水扇面
1946年
（庞氏展览馆收购）

一

迳啟者謹查我國刻絲藝術溯自周漢盛於唐貞觀開元間至趙宋歷高二朝焜爛光輝精緻絕倫可謂臻書畫美之境但以其刻製複雜一幅之成累年擒月恐未能竟事至其精品之流傳自更珍稀 維謹等藏先人所遺宋朱克柔蓮塘乳鴨蓮絲一幀設色佈置盡造化之妙紅渠白鷺綠萍翠鳥子母鴨各二泳游水中蜻蜓草蟲夾雜其間並刻有朱民欵識明文從簡嘗題其作品云精巧疑鬼工品價高一時 古澹清雅洗去脂粉其運

二

筆如運是絕技非今人所得夢見可見明代已珍之若此況此種我國獨有之手工藝術最足表顯我民族藝術之傳統及我民族之智慧聰明 維謹等自先人收藏以來幾經劫燬堅貞保持得無毀失值今全國解放此種天壤瓌寶不敢再自珍祕亟宜獻捐國家公諸人民為時時此幀鑒較近代之明清兩朝繟絲五幀号附清單)一併呈請
鈞會准于收受俾作永久保管為人民所共有庶使

三

我民族所特有之藝術發揚光大垂輝千古其意義之深長較一家一己所私有不可同日語矣諸希亮詧為荷 此呈
上海市
文物管理委員會
龐維謹
龐增和
龐增祥 全上
公元一九五二年十二月五日

四

捐獻繟絲清單
一、宋朱克柔蓮塘乳鴨圖 壹件
二、明代 仙禽佛果圖 壹件
三、明代 歲朝清供圖 壹件
四、清代 花鳥 壹件
五、清代 封侯晉爵圖 壹件
六、清代 仙女戴花圖 壹件
共計陸件正

1952年庞氏后人向上海博物馆捐献珍贵文物的捐赠函
（上海博物馆提供）

庞宅西侧花园洋房速写

（庄弘醒绘）

黃素金行正芳甘
藥品齋元遺山句
爛柯山樵燕山宋居士題

收藏与革新——南浔庞氏史迹陈列

"承朴传家"展厅（高兴明摄）

"创业之路"展厅（高兴明摄）

"开拓之心"展厅（高兴明摄）

"革新之志"展厅（高兴明摄）

"虚斋之境"展厅（高兴明摄）

"公诸于民"展厅（高兴明摄）

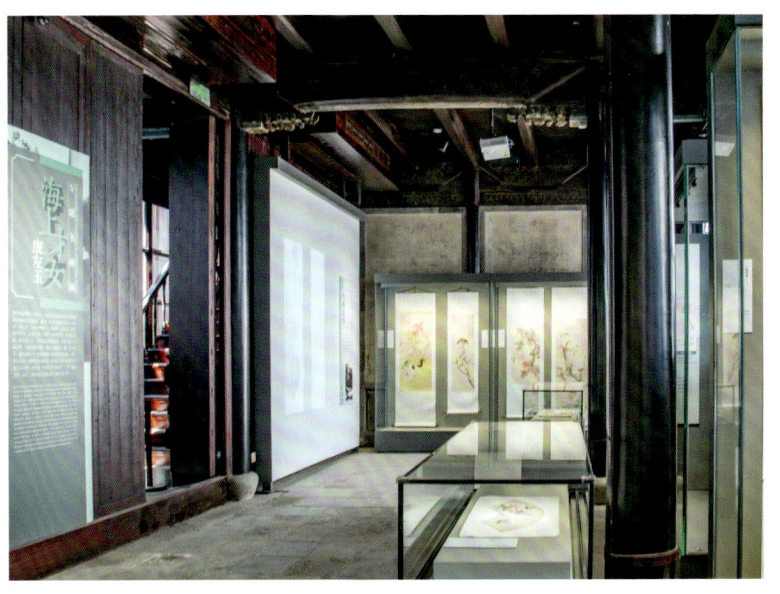

"海上才女庞左玉"展厅（高兴明摄）

国医药体验馆（高兴明摄）

国学讲习社（高兴明摄）

文创商店（高兴明摄）

门楼与前厅中间天井（陆剑摄）

承朴堂大厅全景图（陆剑摄）

西轴线三进天井与砖雕门楼（高兴明摄）

画室（高兴明摄）

芭蕉厅（高兴明摄）

平面布置
一层空间功能

观众穿行区域
不对外开放的空间

庞宅平面图及实景图

平面布置
一层平面布局

- 场① 承朴堂
- 场② 书房
- 场③ 画室
- 场④ 佛堂

- 展① "走进庞家"庞氏家族谱系
- 展② "守家传家"庞氏家族主题展
- 展③ "虚斋之境"庞莱臣收藏专题展
- 展④ "公诸于民"庞莱臣收藏专题展
- 展⑤ 临展厅——"海上才女庞左玉"书画展

- 运营① 文创休闲空间
- 运营② 国医药体验馆"庞滋德国药店"
- 运营③ 国学讲习社

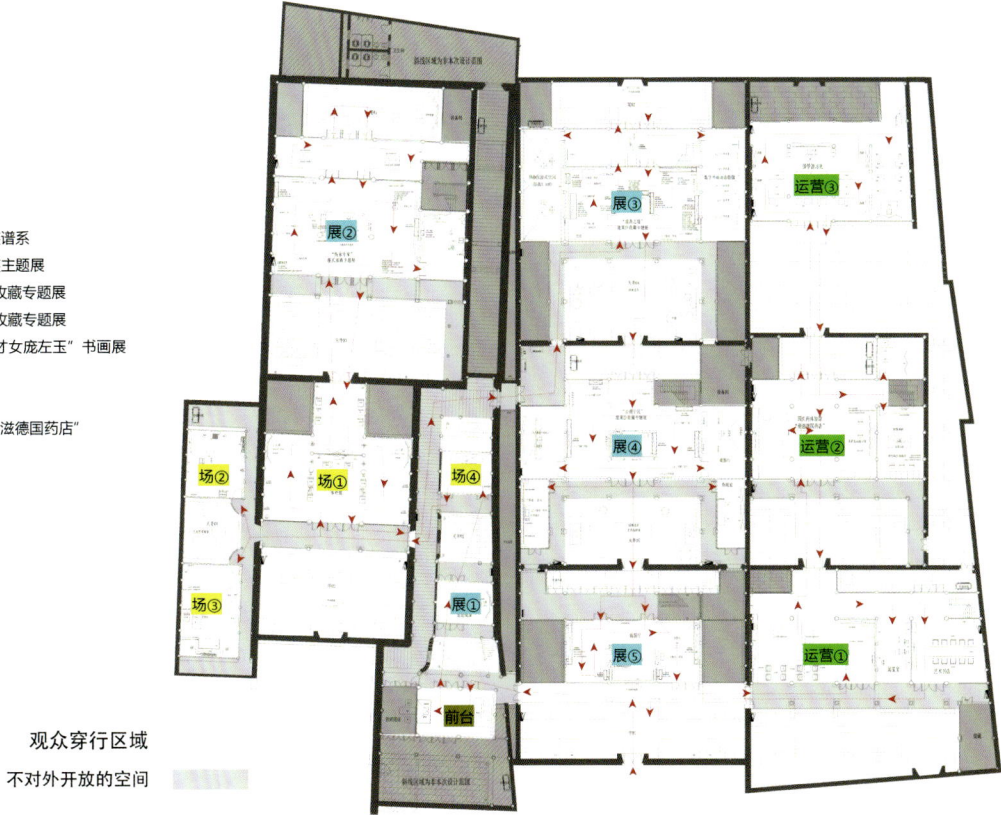

观众穿行区域

不对外开放的空间

医药专家

庞其捷（1942— ）

庞天笙的孙子，庞君度的儿子。1989年庞其捷赴美国爱荷华大学药学院进修，回国后在成都华西医科大学（现为四川大学华西医学中心）从事载体导肝靶向药物研究，当时居于国内领先地位。历任华西医科大学教授、华西医科大学制药厂总工程师。

庞其捷一家合影

印染企业家

庞子明（1915—2009）

庞襄臣的三子。原上海南华染织厂厂长。中华人民共和国成立后，印染厂内迁湖南湘潭，改称"公私合营湘潭印染厂"，被任命为总工程师兼生产技术科长。1981年，整个纺织印染厂全年为国家提供累积（利润和税金）超过一亿元，创造了历史记录。

庞子明像

著名女作家

王安忆（1954— ）

著名作家，中国作家协会副主席，复旦大学教授。她曾荣获第五届茅盾文学奖、鲁迅文学奖等荣誉，代表作包括《小鲍庄》《长恨歌》和《天香》等，被翻译成英、法、德、日、韩等多种语言在全球传播。她的外婆是庞家的小姐，她的母亲茹志鹃也是知名作家。

20世纪80年代，王安忆与母亲茹志鹃、父亲王啸平合影

病毒学专家

庞其方（1923—1994）

庞奉之的儿子，庞左玉的弟弟。1949年前是上海同济大学的中共地下党支部副书记，领导同济大学1948年"一·二九"运动。1949年后担任同济大学副校长，并成为中国医学科学院病毒学、国内高速离心机方面的专家，成就斐然。

同济大学原副校长庞其方像

实业家

庞天中（1946— ）

庞秉侠的次子，也是康有为的养孙。作为庞家第四代实业家，改革开放后他从香港返回上海，创立了香港天中国际有限公司和上海丁胜国际贸易有限公司，并投资长江三峡旅游业，此外他还向家乡南浔投资实业，真情回报桑梓。

庞天中（右二）向家乡捐献孙中山像

庞大少爷

庞秉权（1901—1987）

又名庞衡平，早年被迫与父亲庞青城流亡日本，与张静江、周柏年等革命前辈同吃同住三年。1949年后回到南浔，居住在百间楼河西32号。

庞秉权夫妇像

全国政协委员

庞莲（1907—2000）

庞青城之女，康有为的儿媳。她出生于南浔，在上海长大，1930年与康同凝结婚。晚年向政府捐献康有为的书信、房产和徐悲鸿的画作等文物。1983年，七十七岁的庞莲成为全国政协委员，赴北京参政议政，受到邓颖超的亲切接见。

晚年庞莲像

上海文史馆馆员

庞秉侠（1912—1994）

庞青城之子。1949年前曾为中国天一保险公司营业主任。1990年加入上海市文史馆。民革成员，擅长曲艺，曾任上海警备区司令部副官和上海市政府安保处中尉书记。

庞秉侠结婚照

上海医科大学校长

姚泰（1938— ）

母亲为庞中行的女儿庞倩华。复旦大学上海医学院生理学和病理学教授。1994年至2000年任上海医科大学校长。姚泰教授曾参与编写全国高等医学院校规划教材《生理学》多版，是第五版和第六版的主编，并主编了《人体生理学》第三版。

姚泰像

钢琴家

丁柬诺(1935—2025)

庞景瑛的大女儿。毕业于上海音乐学院钢琴系。中国元老级钢琴家、教育家。儿子余隆是我国著名钢琴家、作曲家，享誉国际的中国指挥家。2018年，在丁柬诺的指导和策划下创办了"琴键上的中国"品牌系列音乐会，音乐会在全球的各个城市巡演，推广中国钢琴文化艺术。

丁柬诺与外祖父庞奉之、父亲丁善德（著名钢琴家）、母亲庞景瑛及弟妹合影（后排右二为丁柬诺）

文化传承与艺术荣光

百年来，庞家以其深厚的文化底蕴和卓越的家族成就，在中国近现代变革的历程中留下了履痕。由贾而儒的家族传统激发着一代代庞氏后人的非凡才华和不懈追求，他们在各自的领域书写着各自的风华故事，彰显出一个世族大家的文化赓续和创新。

晚年庞天笙和次子庞君度一家合影

庞青城夫妇与子女合影

庞家第三代携子女出游合影（庞青城子孙）

庞仁、庞佩兰、庞淑兰三兄妹合影

庞增祥九十大寿与家人合影

2010年庞叔龄母子与《南浔庞家》作者陆剑（左）在湖州博物馆"巨象文晖：南京博物院藏'虚斋名画'特展"开展合影

世家风华

CULTURAL INHERITANCE AND
ARTISTIC GLORY OF FAMILY
PANG

名扬海上

中华人民共和国成立后,庞左玉成为"新中国画研究会"成员及中国美术家协会会员。她热爱京剧,擅长唱程派青衣,闲暇时间赋诗作文,诗歌清丽委婉。她还曾为搪瓷厂和印染厂提供画稿,使国画艺术融入日用品,深受消费者喜爱。1950年起,她在上海教授外国使节的夫人及外商家眷中国画,同时培养了李谷娜、沈景、唐秋芳、张剑等中国学生,名声大噪。

前排右起第一人为樊诵芬,第二人为顾青瑶,第三人为周炼霞,第六人为冯文凤,第七人为鲍亚晖。后排右起第二人为庞左玉,第三人为吴青霞。

上海女画家早年在东体育会路庞家聚会合影

天趣盎然

庞左玉擅长画花卉和草虫等,作品典雅清新,设色俊朗秀逸,兼具徐青藤、陈白阳大写意风骨与女性的婉约。她细腻的笔触与精准的色彩运用,更赋予了这些自然元素以生命力和情感。

庞左玉和她的扇面作品

《蕉鹅图》（庞左玉画，钱名山题）

钱名山先生像

交往酬唱

20世纪40年代左右，庞左玉迁至名流云集的"辣斐德路上的明星弄堂"桃源村，结识了文化大家钱名山，其画作获钱名山高度赞赏并为其题诗，传为文坛佳话。她还与江寒汀、吴东迈、杨清磐等名家合作，往来唱和。

崭露头角

庞左玉的艺术生涯可谓出道即巅峰，她在毕业后即加入"中国女子书画会"，携作品《蕉叶图》参加第一届展览会。此后连续七年参展(1934—1940年)，1941年，应湖州画家之邀，加入"清远艺社"，得识杨清磬、沈迈士等，并积极投身于各画社的展览和赈灾捐画等公益事业。她受族伯庞莱臣赏识，临摹、研习古画，与钱名山等名士往来唱和，传为佳话。1942年，她举办首次个展"庞左玉念萱义卖展"，仅仅一周展期便声名鹊起。

1942年，"庞左玉念萱义卖展"上的亲友合影（前坐右起第一人为吴青霞，第四人为庞奉之，第六人为庞左玉）

艺路提携

庞左玉年轻时即才华横溢，获得了族伯，也是著名大收藏家庞莱臣的赏识，最早可见的是1935年庞莱臣题词的《柳塘图》。庞莱臣将庞左玉招至府中居住一年有余，给予她近距离临摹和研习珍贵古画的机会。这段伯侄之间的艺术传承与赏识佳话，传为美谈，为她日后的艺术创作奠定了坚实的基础。

庞左玉《柳塘图》（左）
庞莱臣题："写生之道，神韵为上，形似次之，左玉此作颇得白阳笔意，余深嘉其造诣未可量也，为识数语而归之。乙亥春，虚斋。"

庞左玉《临唐匹士荷花图》（右）
原作《红莲绿藻图》为虚斋旧藏，现藏于故宫博物院，是唐荧、恽寿平为王翚四十岁生辰所作。

在中国近现代艺术史上，庞左玉以其独特的艺术风格和卓越的艺术成就，成为一位令人瞩目的海上女画家。庞左玉（1915—1969），名庞昭，字左玉，别署瑶草庐主，是庞莱臣的堂侄女。由学徐渭（青藤）、陈淳（白阳）入手，并得到庞莱臣的指导，博览丹青，广临古画，笔法风神秀雅，笔致工整端庄，精于花卉虫草。她曾为搪瓷工厂绘制画稿以制成民用日常品，颇受群众喜爱，闲暇时兼及诗书，而亦时习程玉霜派青衣剧艺以自遣。她曾参加"中国女子书画会"，系"清远艺社"成员，中国美术家协会及上海分会会员。

家族

墩苏堂是庞氏庞天笙一支的堂号。庞天笙作为苏州商界的头面人物，不仅在商业领域举足轻重，更因积极参与社会公益事业深受爱戴。庞左玉出生在祖父庞天笙家中，幼年随他在苏州生活。家族深厚的文化底蕴和家国情怀，对她的成长和艺术发展产生了深远影响。

庞天笙（前排右四）与苏州商界人士合影

庞天笙（1871—1954）
号延祚，南浔庞氏宗族族长，曾任苏州商会会长。1919年"五四运动"爆发后，他代表苏州商会反对"二十一条"，号召苏州商界罢市和抵制日货。1927年3月，国民革命军北伐抵苏，庞天笙筹集军款，使百姓免受战乱之苦，深受爱戴。

庞天笙像

庞奉之
庞天笙长子，早年在北平市政府任职，后供职北平交通银行，举家迁沪后，先后担任上海华东银行商业储蓄银行副经理、上海造币厂业务科长。1949年前，他曾资助上海的中共党员，掩护革命志士，为革命事业贡献力量。

庞奉之像

庞左玉
1915年10月15日，庞左玉出生于苏州，是庞奉之的二女儿。小学就读于北京，1927年随父亲迁至上海，住江湾东体育会路模范村。1934年从新华艺术专科学校毕业后，仍师从郑曼青，主工花卉翎毛。

庞左玉像

临时展厅
（海上才女庞左玉）

TEMPORARY EXHIBITION
CALLIGRAPHY AND PAINTINGS
OF ARTIST PANG ZUOYU

悠悠邺架

庞青城与其兄庞莱臣都热爱收藏，且各有偏好，莱臣喜书画碑帖，青城则好古籍。庞青城早年曾出资刊刻多部图书，晚年处理完孙中山的丧事后，息影家园，潜心于收藏，书楼中有书柜逾百，遂辟室自题"百匦楼"，收藏古籍一度多达数万卷之巨。复旦大学图书馆藏约三十八万余册的线装古籍，其中约一千三百五十种、二万八千册，为庞青城百匦楼所藏，是极其珍贵的古籍资源之一。

晚年庞青城像　　古籍归藏复旦大学档案

百匦楼归藏复旦

1941年，庞青城之子庞秉礼欲出售上海房产及其中藏书。据传，时在北平图书馆任职的钱存训先生得知此事后，私人筹款将书买下。这批古籍小部分被出售给来熏阁，剩余部分在1946年冬由邢孟甫出售给同济大学。1949年9月，同济大学文法学院并入复旦大学，此批藏书及书柜归入复旦大学图书馆。

复旦大学古籍阅览室

复旦大学古籍阅览室藏书柜

庞青城藏书印"承朴堂庞氏家藏"

文献出版

《庞虚斋藏清朝名贤手札》

该文献出版于2016年，是上海图书馆收藏的一级藏品"虚斋藏札"汇编，收录清朝前期及中期名家手札二百六十家五百八十六通，共六册。此部尺牍迄今从未全部公开展示和发表，具有极高的文献史料价值及文物原迹价值。

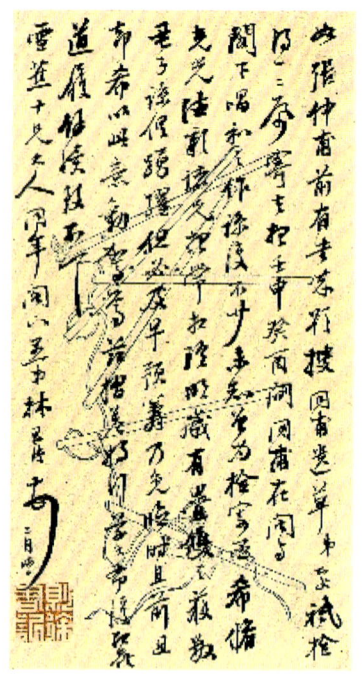

顾炎武致潘耒手札

林则徐致杨庆琛手札

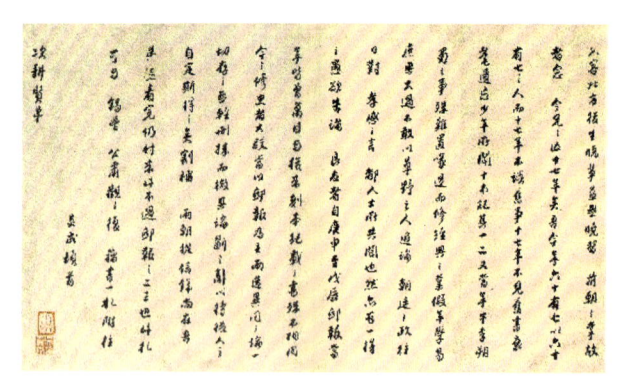

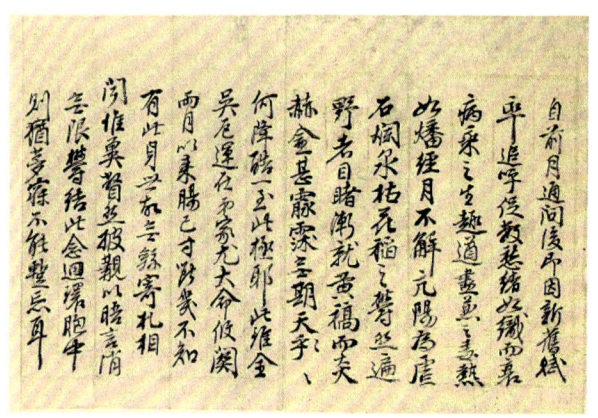

王时敏致王翚手札

瑞色凝光：上海博物馆秘藏缂丝《莲塘乳鸭图》特展

2022年，上海博物馆为庆祝建馆七十周年，举办"瑞色凝光：上海博物馆秘藏缂丝《莲塘乳鸭图》特展"，这是秘藏瑰宝《莲塘乳鸭图》第一次与观众见面。

国之瑰宝：故宫博物院藏晋唐宋元书画展

2022年，为庆祝香港回归祖国二十五周年和香港故宫文化博物馆落成开馆，举办"国之瑰宝：故宫博物院藏晋唐宋元书画展"，该展以早期珍稀书画为主题。

"瑞色凝光：上海博物馆秘藏缂丝《莲塘乳鸭图》特展"海报

"瑞色凝光：上海博物馆秘藏缂丝《莲塘乳鸭图》特展"展览现场

工作人员将《莲塘乳鸭图》安置在特制展柜中

《莲塘乳鸭图》在展览现场

虚斋重光

一百多年后的今天，虚斋藏画一次次在各大博物馆精彩亮相。

赵孟頫书画特展

2017年，故宫博物院为纪念赵孟頫，在武英殿举办了规模空前的"赵孟頫书画特展"，其中包括虚斋收藏的《秀石疏林图》等重要作品。这次展览不仅是故宫博物院年度重磅大展，也是对赵孟頫艺术发展脉络及其对后世文人书画影响的全面介绍。

"赵孟頫书画特展"展览现场

十洲高会：吴门画派之仇英特展

2015年，苏州博物馆举办"十洲高会：吴门画派之仇英特展"，汇集了上海博物馆、南京博物院、故宫博物院、美国克利夫兰美术馆等海内外的三十一件一级文物，展出《柳下眠琴图》《捣衣图》等重磅虚斋藏品。

"十洲高会：吴门画派之仇英特展"海报

"十洲高会：吴门画派之仇英特展"展览现场

天下藏

又见虚斋

一百多年后的今天，收藏虚斋藏品的四家博物馆频繁举办以"虚斋"为主题的展览，香港、湖州等各地博物馆也多次借展这些藏品，使得这些文物走向更广阔的公众视野，实现了庞莱臣和庞家"捐献国家，公诸人民"的夙愿。这些展览不仅提升了藏画的观赏价值，更赋予了它们传承记忆、凝聚精神和传播文明的深层意义。

收藏与捐赠专题展

2003年，南京博物院建院七十周年之际，举办"庞莱臣旧藏·庞增和捐献·古代绘画选特展"。2014年，为纪念庞莱臣诞辰一百五十周年，南京博物院联合故宫博物院和上海博物馆举办"藏天下：庞莱臣虚斋藏画合璧展"。这是三馆首次合作办展，也是南京博物院自中华人民共和国成立以来最高规格的书画展览。

2003年11月15日《收藏家》期刊关于"庞莱臣旧藏·庞增和捐献·古代绘画选特展"的报道

巨象文晖：南京博物院藏"虚斋名画"特展

2010年湖州市博物馆从南京博物院借展八十余件虚斋藏画，举办"巨象文晖：南京博物院藏'虚斋名画'特展"，这次展览不仅是"回乡展"，也展示了自宋至清代时期中国书画大体的发展轨迹。

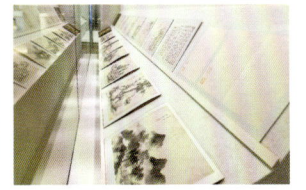

"藏天下：庞莱臣虚斋藏画合璧展"展览现场

苏州博物馆

1959年，苏州市文化局收到庞增和捐赠文物字画的收据

苏州是庞氏后人主要居住地之一，庞增和分别于1953年、1959年向苏州博物馆捐赠虚斋藏品三十九种，其中书画三十四件（套），以明清时期为主，如唐寅《灌木丛筱图》、王鉴《虞山十景》、王翚《仿古山水图》等。

庞莱臣在苏州市颜家巷26号、28号的故居。该宅西部为宅，东部是园。今尚存门厅、轿厅和后楼。轿厅后砖刻门楼额书"闳规远绍"四字，为清嘉庆二十二年（1817）款。

庞宅照墙上残留的"鸿禧"砖雕

位于大新桥巷21号庞宅，是庞莱臣在苏州的又一处故居。共东西两路，占地1916平方米。东路依次为墙门、轿厅、大厅和楼厅。西路第三进为花篮厅，雕刻精细。现为苏州市控制保护建筑。

南京博物院

1956年，江苏方面通过郑山尊与庞家接触，在得到正面的回应后，南京博物院曾昭燏院长、姚迁副院长、徐沄秋先生与庞增和开始接洽捐献事宜。在长达六年的磋商下，庞增和作为庞家的代表，分别在1959年和1962年两次向南京博物院捐献了一百三十七件（套）文物，捐献数量之多、质量之高，引起了全国文博界的瞩目。

庞莱臣的夫人贺明彤像

江苏省人民委员会颁发给庞增和的奖状

庞增和像

庞增和（1933—1995）
庞莱臣的孙子，因父亲早逝，由祖父母抚养长大。他的捐献极大地丰富了南京博物院的书画藏品，为相关学术研究和展览展示起到了巨大的支撑作用。

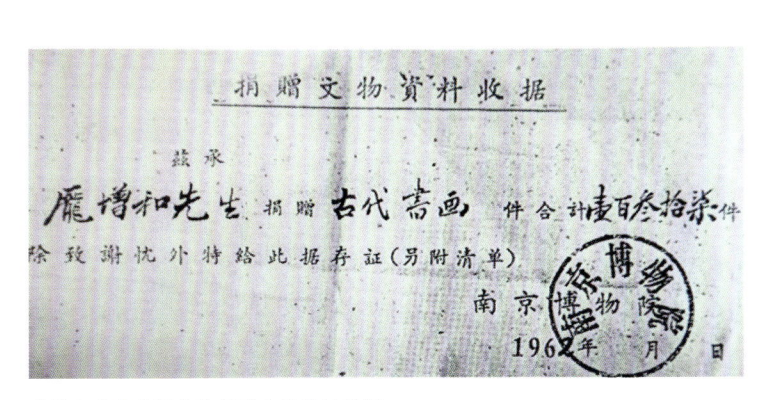

庞增和向南京博物院捐赠文物资料收据

故宫博物院

郑振铎像

郑振铎（1898—1958）
字西谛。中国现代杰出的爱国主义者，也是著名的收藏家，他主持制订了早期文化文物管理规范，创办文物考古专业刊物。

1953年，故宫博物院在国家文物局局长郑振铎的积极推动下，开始了对虚斋旧藏的征集。他写信给徐森玉要去庞莱臣的遗藏目录，在国家文物局和郑振铎的坚持之下，故宫博物院也征集到了一批高质量的"虚斋"藏画。

郑振铎为征集虚斋旧藏而专门给徐森玉的信札

上海博物馆

1950年，上海市文物管理委员会在主任徐森玉与委员李亚农、编纂谢稚柳的主持下征集庞家古画，经过两年努力，通过征购与捐赠等方式分三次（1951年1月、3月以及1952年秋）共收藏约一百三十余件作品。1952年10月，庞秉礼（维谨）、庞增和、庞增祥三人捐赠一批文物，其中宋人朱克柔的缂丝《莲塘乳鸭图》最为著名。1956年又购入成扇、扇面、明清人尺牍等藏品。

南宋 朱克柔 缂丝《莲塘乳鸭图》

庞维谨像

庞维谨（秉礼，1910—1970）
庞莱臣嗣子。出生于上海戈登路7号的别墅之中。1931年复旦大学法学学士毕业后赴英国留学。1940年入嗣庞莱臣。

徐森玉像

徐鸿宝（1881—1971）
字森玉，中国著名文物鉴定家、金石学家、版本学家、目录学家、文献学家。曾任故宫博物院古物馆馆长、上海博物馆馆长等职。毕生不遗余力征集、抢救珍稀文物和图书，为我国文物古籍保护做出卓越贡献。

专题片《湖商》中的庞增祥

庞增祥（1934—2024）
庞莱臣的孙子，庞锡宝的次子。曾担任上海市杨浦区政协委员、工商联副秘书长。

虚斋名画归藏

在那个风云变幻的乱世，虚斋收藏经历了由盛而衰、从聚到散的过程。伴随着中华人民共和国的成立，其藏品中的绝大部分以征集、捐赠等形式，保留在国内公立博物馆，"散于私而聚于公"，这一次公的主人是"人民"，这也意味着公共收藏在中国的起步。虚斋收藏也完成了它在中国数千年书画收藏史上承上启下的作用，功在千古。

散于私而聚于公

名画何从

抗日战争胜利后，国内各地陆续筹建博物馆，但在中华人民共和国成立前夕，约四千五百箱珍贵藏品被国民党运往中国台湾，书画因便于携带更是所剩无几。庞家也被动员迁往台湾，但他们拒绝种种安排，坚持将这批书画留在了大陆，虚斋藏品也成为各大博物馆、美术馆竞相收购的对象。

藏天下

1949年中华人民共和国成立后，我国文博事业百废待兴，虚斋藏品作为重要的文化遗产，在文化名人及家族的推动支持下，主体部分先后落地故宫博物院、上海博物馆、南京博物院、苏州博物馆四个地方。在近代以来历经动荡，大量文物外流乃至损毁的社会背景下，虚斋藏品的归藏，是将文化遗产纳入国家的保护管理，进而向公众提供历史、艺术、科学教育的规划与实践的一则案例。

公诸于民

INHERITANCE OF THE
COLLECTION IN MUSEUMS

弗利尔美术馆的收藏

1915年，庞赞臣带着虚斋藏画及图录《中华历代名画记》赴美国参加巴拿马博览会，但藏品并未展出，这促成了庞莱臣与弗利尔之间第一次古画交易。两人先后通过古董商游筱溪、通运公司互递和经营藏品。庞莱臣在写给弗利尔的最后一封信中说自己因藏品被放入美术馆永久收藏并公开展览而感到十分自豪。

1927年的美国华盛顿弗利尔美术馆

唐 阎立本(传) 《锁谏图》元明摹本 美国弗利尔美术馆藏

明 唐寅 《梦仙草堂图》 美国弗利尔美术馆藏

古画出洋的民族认同
以美国弗利尔美术馆为例

1915年旧金山世界博览会，庞莱臣受弗利尔之邀参展，此后其藏品在国内外频繁展出。从国际化语境来看，古画出洋获得了国际上的民族认同，"展览"则使中国书画收藏发生现代化的转型，促进了艺术界的交流合作，也开启了庞莱臣和弗利尔的合作之路。虚斋的部分藏品最终成为美国弗利尔美术馆、波士顿博物馆、纽约大都会艺术博物馆等地的重磅收藏。

志趣相投的藏家

查尔斯·朗·弗利尔（Charles Lang Freer），美国底特律的工业大亨，受好友惠斯勒影响开始收藏亚洲艺术，与庞莱臣实业家和收藏家的双重身份有异曲同工之妙。他为筹办弗利尔美术馆曾四次来过东亚。1911年亲自拜访庞莱臣，在庞公馆观看藏品，还在日记里写下"Fine Things"以表达对藏品的倾慕之心。

查尔斯·朗·弗利尔像

弗利尔在底特律的故居

1911年，弗利尔第四次来华，拍摄于杭州竹素园

美术教育

庞莱臣在艺术教育领域做出了显著贡献。1926年,他创立福寿国画函授学社,开设花鸟、山水、人物三个科目。1930年,又担任昌明艺术专科学校的教授。1935年,他成立南浔国学讲习社,后因战争停办。1939年,讲习社在上海、南浔两处重开,并为家境贫寒的学生减免学费。

国学讲习社部分师生合影

参与展览

庞莱臣曾在北京、上海、南京等地发起或参与一系列书画展览活动,1900年至1915年间的展览会就有十余场。他参与筹备的"第一届全国美术作品展览",标志着中国美术展览从私人收藏向公共展示的转变。1945年后,他又先后担任上海胜利博物馆、上海市立美术馆的筹备委员,推动了中国美术的现代化进程。

南洋劝业会场全图
上海集成图书公司代印

南洋劝业会美术馆旧影

历代书画展览报道,其中庞莱臣出品十件,包含元代吴镇《芦花寒雁图》、郭天锡《壶天胜境图》等名品佳作

1929年4月第一届全国美术展览的部分画家合影

这届展览是中国历史上首次由政府出面举办并定名为"全国美术作品展览"的艺术展览,改变了中国传统的艺术鉴藏方式,并在文化传播和国家形象塑造方面发挥了重要作用。

1929年民国时期教育部"第一届全国美术作品展览"会场旧影

嘉惠学林

"虚斋"是最具有实力的私人收藏机构之一，他一改秘不示人的藏界旧习，热忱欢迎收藏家、鉴赏家、画家、学者乃至社会人士观赏，并通过多次出版和展览，发挥了现代博物馆式的展示、研究和教育功能，对中国古代绘画的保存、传播与研究发挥了不可替代的作用，真正实现了"嘉惠学林，资源共享"。

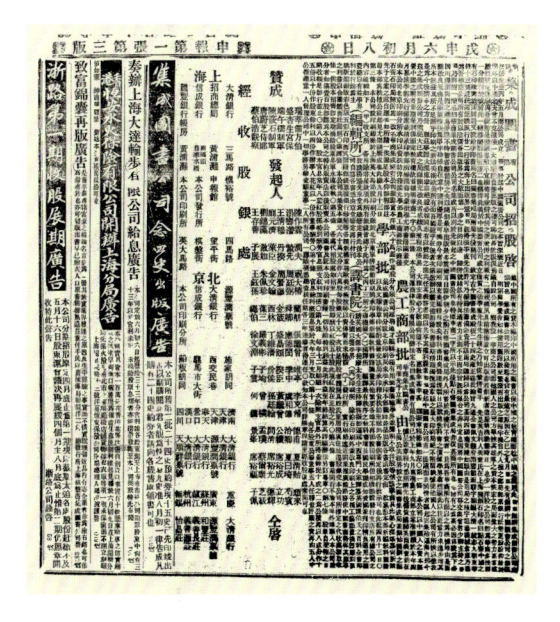

美术大众化 作品出版与教育

庞莱臣开放虚斋藏品供公众欣赏，对徐森玉、张大千、谢稚柳等鉴定家、艺术家的成长产生了重要影响。他投资集成图书公司，推动书画出版，并创办及任教于多所学校。他的《虚斋名画录》《虚斋名画续录》等著作记录了近千件历代名画，现已成为中国古代绘画鉴定、考证以及作品研究的关键资料。

庞莱臣入股华商图书集成公司报道

出版

庞莱臣一生出版多部书画著录，记录了其收藏方式的转型。这些著作按形式和内容可分为三类。一类是秉承古法体例的书画著录，二是古画出洋时期的中英对照图录，三是侧重公共展示用途的珂罗版图册。从纯文字表述到图文并茂，其出版形式一直沿用至今。

虚斋收藏的公共展示 未竟的美术馆之梦

在西方美术馆和中国本土"经世致用"思潮的双重影响下，"公共收藏"的概念开始兴起，至1936年，全国已建立起七十七所博物馆。虚斋一生收藏宏富且有心传承，多次发起和参与展览会，还参与博物馆、美术馆的筹建，晚年希冀藏品"贡诸天府"，认为博物馆是一生心血最好的归宿，有着建立美术馆以保存并公开其藏品的愿景。

南浔国学讲习社在上海的招生公告

3 友人交藏

庞莱臣与上海本地以及流寓上海的文化界名流、鉴藏家、古董商有着密切的交流。郑孝胥、吴湖帆、谢稚柳、王季迁、徐邦达、吴昌硕等都常出入"虚斋",多有书画交藏、买卖。

郑孝胥像

郑孝胥（1860—1938）
字苏戡,民国著名文人、学者、书法家。曾为庞莱臣的"宜园"题记文,并为《虚斋名画录》题写扉页和题记。

庞莱臣像

庞元济（1864—1949）
字莱臣,号虚斋。

吴湖帆像

吴湖帆（1894—1968）
字东庄,现代绘画大师,书画鉴定家。吴湖帆幼时得陆恢启蒙,与庞莱臣常有书画交藏、互赠,庞氏曾以重金求购他藏的元人《兰花图》。

徐邦达像

徐邦达（1911—2012）
字孚尹,鉴定家徐邦达通过赵叔孺、吴湖帆等结识庞莱臣。1934年应英国之邀,将故宫博物院南迁文物选出部分精品赴伦敦展出。二十四岁的徐邦达同赵叔孺、吴湖帆、庞莱臣、王季迁等被聘为审查委员一起选择展品。

王季迁像

王季迁（1907—2003）
字选青,画家、收藏家、鉴赏家、学者。王季迁常随吴湖帆观赏庞氏"虚斋"珍藏,并收藏有很多"虚斋"散出的藏品。

谢稚柳像

谢稚柳（1910—1997）
中国近现代书画家、鉴藏家、诗人。谢稚柳曾在庞家观赏到五代董源《夏山图》等虚斋珍藏。

收藏来源

庞莱臣在变革时代凭借雄厚的财力和精湛的鉴赏力,抓住皇室及旧家藏品流散的机遇,短时间内搜集了一般藏家难以涉猎的历代名迹,形成了规模宏大的书画宝库。

1 世家旧藏

虚斋藏品的来源首先是各地收藏家散出的旧藏。如吴门汪氏、顾氏,锡山秦氏,中州李氏,莱阳孙氏,川沙沈氏,利津李氏,归安吴氏,同里顾氏等,他们在社会动荡时期纷纷出售旧藏。

狄葆贤(1872—1939)

字平子,是康有为唯一的江南弟子,《时报》创始人。狄氏晚年家道没落,庞莱臣便将他所藏历代名画全数收购,扩充了虚斋藏画的数量与品质。

完颜景贤(1876—1926)

号朴孙,晚清重臣完颜崇厚之次孙,北京著名的书画收藏家。清朝灭亡后家道中落,其子金启迪为求生计,变卖了众多珍贵收藏,后被庞莱臣收购。

狄葆贤像

2 宫内遗珍

虚斋藏画另一来源则是宫内收藏,宣统帝逊位后,皇宫书画藏品流向民间,加之皇室成员及官员纷纷避难上海,一批藏品被出让。庞莱臣抓住机遇,将大量藏品收入虚斋。

"三希堂精鉴玺"是乾隆帝的鉴赏印章。三希堂位于紫禁城内养心殿西暖阁,因珍藏王羲之、王献之、王珣的三幅名帖而得名。

庞莱臣旧藏王蒙《青卞隐居图》

庞莱臣旧藏王蒙所作《青卞隐居图》中"三希堂精鉴玺"印

乾隆帝"三希堂精鉴玺"组印

三希堂

清宫书画收藏著录《石渠宝笈》

至交好友 门人清客

晚年庞莱臣像

鉴赏团队

虚斋藏画品质极高,得益于身边聚集了一批"掌眼"的人物,早期有至交好友陆恢、张砚孙、张唯庭等,后期则有门人清客吴琴木、张大壮、邱林楠等,他们也在虚斋藏画的影响下成为了著名书画家。

陆恢（1851—1920）
字廉夫,他对虚斋绘画和收藏的影响当属第一,在庞莱臣处客居长达二十年。

张荫春（？—1922）
字砚孙,早年与庞莱臣一同赴京应试,后协助他编成《虚斋名画录》。

张唯庭（1869—1935）
字继曾,工书善画,张砚孙的同乡,终其一生为庞莱臣秘书。

樊浩霖像　　张大壮像　　吴琴木像　　樊伯炎像

樊浩霖（1885—1962）
字少云,现代画家,师从陆恢。他家在苏州颜家巷,与庞莱臣的福泰典当相对,曾代为虚斋管理书画。

张大壮（1903—1980）
字养庐,现代四大花鸟画家之一。据樊伯炎回忆:"虚斋在复裱古画时,会请张大壮做花卉修补。"

吴桐（1894—1953）
字琴木,曾是私塾先生,后客居虚斋临画,在其帮助下走上职业画家之路。

樊燨（1912—2001）
字伯炎,著名琴人、画家。二十三岁时被虚斋邀请客居家中,临摹研习古画,并替他代笔应酬。

虚斋不虚

庞莱臣以深厚的艺术修养和雄厚的经济实力，成为清末民国时期书画收藏界的翘楚，与张伯驹并称"北张南庞"。他的收藏涵盖了唐、五代、宋、元时期历代高古名家的作品，明清时期则取向于"明四家"、董其昌为代表的文人画，清"四王"及其传派等，具备系统性和经典性，客观上为中国古代美术史的完善起到了拾遗补阙的作用。

鉴藏印章

虚斋印信

庞莱臣的鉴藏印章很多，均出自赵叔孺、王大炘、吴昌硕等名家之手。他的藏画盖有"虚斋"印章以示鉴藏，对于钟爱的藏品，往往会加盖不同的鉴藏印。近百年来，虚斋鉴藏印已成为海内外收藏界公认的识别中国古代书画真伪的权威参考。

"臣庞元济印信"
胡钁刻
原件藏于上海博物馆

"臣庞元济恭藏"
赵叔孺刻
原件藏于上海博物馆

"虚斋审定"

"庞元济书画印"
赵叔孺刻
原件藏于上海博物馆

虚斋之所

宜 园

庞莱臣最早的藏画之所"虚斋"位于庞宅的芭蕉厅。1899年，庞莱臣在南浔东栅修建园林，名曰"宜园"，园中建有"半画阁重楼"，曰"虚斋"，是他收藏历代名画之所。抗日战争爆发后，庞莱臣在上海寓所重新设藏画之室，仍称之为"虚斋"。

宜园半画阁重楼旧影

宜园内亭台旧影

宜园内楼阁旧影

宜园笋香里旧影

宜园九曲桥及四面厅旧影

虚斋之名

庞元济,字莱臣,他兼具商业头脑与儒雅气质,给自己取号"虚斋",与实业家身份形成反差,在入世与出世、经商与收藏之间,寻到一种微妙的平衡。"虚斋"是民国"六大收藏家"(庞元济、张伯驹、张大千、吴湖帆、张葱玉、王季迁)之首,在民国年间的鉴藏界可谓名声显赫,其鉴定印章成为辨别中国古代书画真伪的权威标志。

亦商亦儒

何为虚斋

庞莱臣年少时就喜欢购置乾隆时人手迹,又爱临摹,对中国传统绘画艺术有很深的造诣。山水以"四王"为宗,章法疏朗;花鸟作品则以恽南田为宗,工、写兼能;书法擅隶、楷,皆有一定水平。

款:莱臣先生正刻。己未七夕,安吉吴昌硕,时年七十又六。
"庞元济印"
1919年,吴昌硕刻

款:缶道人,作于沪。
"虚斋"
吴昌硕刻

1933年,樊少云等名家绘制的《稀龄读画图》中的庞莱臣像

庞莱臣富贾而儒，潜心收藏，包含历代铜器、瓷器、书画、玉器等许多文物，尤以书画最精，其收藏的古代书画名迹曾多达数千件，被海内外鉴藏界的"国际王"王季迁称为"全世界最大的中国书画收藏家"。

庞氏收藏以"尚品"为旨。他追求至精至美，唐、宋、元代的绘画名迹约占其收藏的三分之一，且多流传有绪，或为历代鉴藏大家庋藏遗珍，或为清宫散佚旧藏，明清诸家名作应有尽有，构建起一座蔚为壮观的中国古代书画王国。

庞氏收藏胸襟不凡。他不仅慨然应允同行及社会爱好者观摩交流、"嘉惠学林"，还一改纯文字的著录传统，编辑出版图文并茂的《虚斋名画录》《虚斋名画续录》《历朝名画共赏集》《中华历代名画记》等收藏典籍。"虚斋名画"，为近现代中国书画的鉴藏交流树立了标尺与典范，影响深远。

虚斋之境

PURSING THE PAST

共济时艰

1913年，袁世凯暗杀宋教仁，庞青城竭力支持陈英士就任讨袁军总司令，遭到浙江都督的查抄，被迫与儿子庞衡平、周柏年等人流亡日本，直至袁世凯病死，才回上海。这期间别墅内住进英国白莱先生一家，后庞青城为筹集革命经费抵押了这幢别墅。

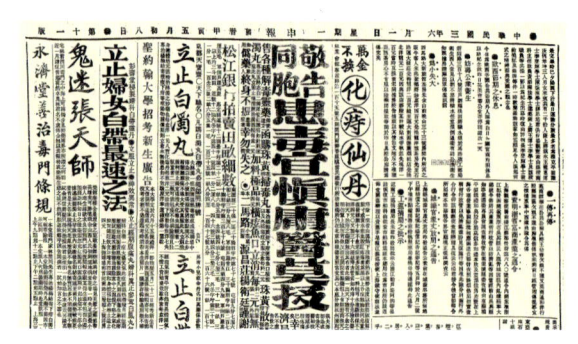

宋教仁像　　周柏年像

1914年6月1日《申报》中关于查抄庞青城家产的报道

初心不泯

南京临时政府成立后，孙中山任命庞青城为实业部商政司司长，后又聘他为"总统府参议"。1925年，孙中山在北京病危，庞青城应召前去并始终在侧，是"总理遗嘱"见证人之一。孙中山逝世后，庞青城作为"治丧委员会"成员，参与了追悼会、出殡等相关事宜。此后，庞青城寓居上海，虽不问政治，却出面营救了被蒋介石囚禁的革命元老居正，捐助许世英创办的赈务委员会，资助叶楚伧的新闻工作。1929年，梅屋庄吉制作了一批孙中山铜像以作纪念，庞青城亦获赠一尊。2008年，庞天中将这座珍贵的文物捐赠给了家乡。

庞氏后人捐献的孙中山铜像

1924年4月20日，宋庆龄与亲友在南京紫金山勘察孙中山陵墓时合影（左十为庞青城，左四为何香凝，左六为宋庆龄，左八为宋美龄，左十一为宋子文）

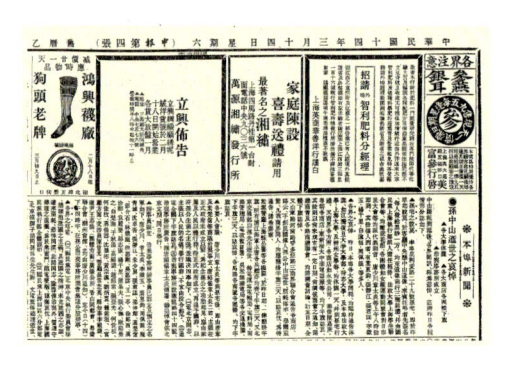

1925年3月14日，《申报》报道的治丧办事员清单

戈登路秘史

上海戈登路7号，是庞青城于1905年耗资六万两白银所建的英式别墅，在从事革命活动的四十余年中，孙中山先生先后二十七次到过上海，曾多次住在这里。当时辛亥革命要人，如黄兴、宋教仁、于右任、戴季陶、宋庆龄等也经常在此出入。这座别墅见证了资产阶级革命走向共和的历史风云。

共和盛宴

1911年12月25日，孙中山先生从海外归来抵达上海，准备就任中华民国临时大总统，傍晚便在庞青城戈登路7号的家中款待了包括伍廷芳、黄兴、陈其美等在内的三十位宾客。这一事件被记录在公共租界的《警务报告》和《警务日报》中，反映了庞家在革命活动中不可磨灭的地位。

孙中山、宋庆龄伉俪在上海合影

上海军政府为蓝天蔚北伐饯行合影（中坐左起第四人为陈英士，第八人为王一亭；后排左起第一人为庞青城，第九人为姚勇忱）

鼎力共和

庞青城为推动国民政府成立，实现共和之梦，不仅持续资助革命，曾提出开发长江流域及旅游资源等设想，还积极参与创建多个革命组织，包括中华民军协济总会、救国社等社团，戴季陶称赞他"不惜毁家以促成共和之新国焉，可谓人杰矣"。

1912年4月，孙中山视察武汉时与湖北军政各界代表合影（第四排右起第三人为庞青城）

孙中山与庞青城等人合影（第四排右起第三人为庞青城）

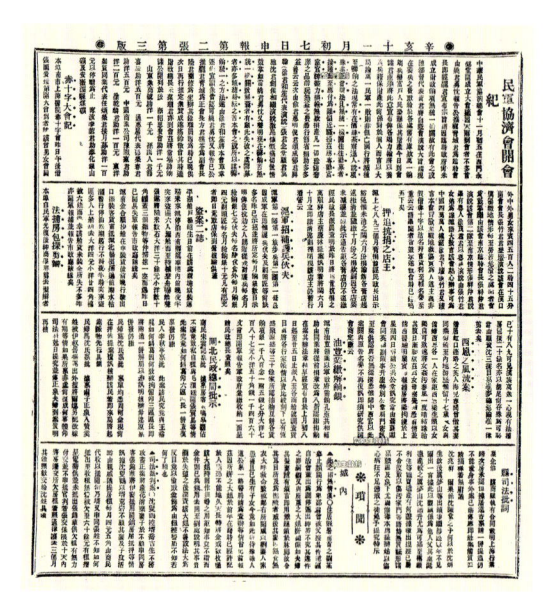

民军协济会开会记
中华民军协济会，是辛亥革命时期的募捐团体。1911年12月25日在上海正式成立。1911年12月26日，《申报》报道的成立大会，推举庞青城为临时会长。

救国社开会记事
1914年12月14日《申报》报道，庞青城等人联合发起成立以"巩固民国，保全领土为前提，蠲除党见，共谋国是"为主旨的救国社，"凡热心志士，不论何党何会皆可自由签名入社"。

接济军饷

庞青城先后为镇南关之役、黄花岗之役、武昌起义等提供了巨额资金支持。1910年,"东益昌"票号经理李燧盗吞十四万两巨款出逃,庞青城家产遭受重挫。1911年,他资助了攻打江南制造局敢死队一半的费用,并在沪军都督府成立后与庞莱臣共同捐款五万元。庞青城为筹措革命经费,不惜抵押家屋,甚至出售地皮。

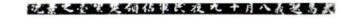

武昌起义军民占领军械库旧影 　　占领武昌后合影

资助办报

1909年,浙江咨议局成立,庞青城当选为议员。为呼吁民主,披露当道劣迹,先后资助于右任办《民呼报》《民吁报》《民立报》。并在于右任被捕时,以四千元请来辩士,营救其出狱。

庞青城资助的《民立报》刊登《孙中山先生宣言》　　庞青城资助的《民呼报》《民立报》《民吁报》

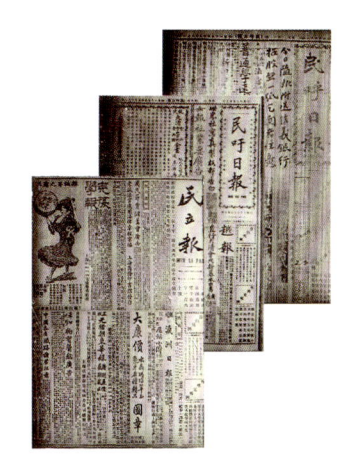

在晚清社会巨变的大潮中,作为新兴资产阶级的庞家自然不会落伍,革命思想在内心涌动。庞元澄,原字清臣,后为表反清决心改为青城。他是同盟会核心成员,积极参与革命活动,为资助孙中山先生革命不惜毁家纾难,置遭暗杀通缉的危险于不顾,以致流亡海外。1925年孙中山病危时,庞青城陪伴在侧,成为"总理遗嘱"见证人之一。晚年潜心于古籍碑帖收藏,1945年在上海病逝。

倾家捐输

初识孙中山

1907年,庞青城在担任上海中国银行董事时期,通过外甥张静江的引荐,结识孙中山并加入同盟会,成为同盟会上海支部的核心成员。他与张静江等人合作,在上海开设票号"东益昌",作为筹集革命经费的金融机关。庞青城的家也一度成为同盟会财政部的临时办事处和革命联络点。

青年孙中山像

张静江像

张静江的舅父——青年庞青城
(1905年从日本归来时的留影)

革新之志

PARTICIPATION IN
THE REVOLUTION

发展近代实业

1902年，庞青城在家乡创办青城手工纸厂（后改机械厂），是浙江第一家规模较大的造纸厂。1919年，庞莱臣与顾企韩、周庆云、刘锦藻、张墨耕等发起集股十万两兴办浔震电灯有限公司，厂址设在原青城造纸厂内，是南浔最早的电灯公司。1926年，又与同乡周庆云、庄骥千等人集资十二万两开办南浔汽机改良丝厂，引进意大利式坐缫车，生产的"南浔牌""湖山牌"改良丝在首届"西湖博览会"上获特等奖。

南浔汽机改良丝厂旧影　　南浔大陆银行档案　　浔震电灯有限公司档案

地方自治

20世纪前期的南浔商人群体构建出以商会为枢纽的地方自治模式，深度参与地方公共事务。民国五年（1916），南浔商界组建商会，庞赞臣被推举为首任会长。庞家做了许多造福桑梓的好事，主持重修颐塘、创办国学讲习社、促成南浔商会办公楼的建设，推动南浔地方自治事业在实业、教育、卫生、医疗、慈善等各个领域中全面铺陈开来。

庞元浩（1885—1951）

字赞臣，毕业于南洋公学。1907年赴美留学，专攻英语，回国后从商，历任上海龙章造纸厂经理、美国通运公司经理、南浔商会会长等。

庞赞臣像

庞赞臣与丝业代表合影
1921年，庞赞臣（后排左一）旅美时与去纽约参加第一届"万国丝绸博览会"的辑里丝业代表合影。

南浔中学旧影之一
1925年"五卅"惨案后，上海圣约翰大学因师生罢课声援，英籍校长解散学校。该校的南浔籍青年愤懑离校，返乡筹办"私立南浔中学"，庞赞臣担任副董事长。

南浔中学旧影之二 　　南浔商会旧址

家乡南浔的桑梓情怀

庞莱臣与弟弟庞青城在南浔投资了造纸厂、电灯公司、汽机改良丝厂等实业，大力兴办教育和公益事业。庞赞臣是庞氏家族乃至浔商在家乡的总代理人，主持了多项造福桑梓的工程。庞家为家乡带来实业的繁荣，也为教育和文化发展做出了巨大贡献。

兴办学校与医院

庞青城于1901年在日本考察回国后，在南浔创办浔溪公学，这是南浔乃至湖州最早的中学堂。该校后因学潮停办，校舍转为述志医院，成为南浔最早的西医医院之一。1905年，旧址改为浔溪女校，是南浔第一所女子学校，秋瑾即在此教学，推动了妇女解放和革命思想的传播。

1919年，庞莱臣与张石铭捐资在述志医院旧址上创办南浔浔溪医院，因设备较全、医疗上乘、收费低廉，成为江南水乡颇有声誉的乡镇医院。庞莱臣还曾主办南浔育婴堂，并于1946年与庞赞臣等人一起筹建南浔公立医院。

庞元澄（1875—1945）
原字清臣，后改青城，号渊如。他致力于教育和创办医院，并提倡西医。是同盟会会员和孙中山的革命挚友，在孙中山病逝后，隐于上海，潜心藏书。

庞青城像

重修后的荻塘石帮岸
1923年，庞莱臣等"四象"乡绅发起重修颐塘，庞莱臣担任董事，捐款并建议改为石帮岸。庞赞臣负责具体修塘事务。工程历时五年，空缺的三万余元悉由庞莱臣承担。第二年刻《重修吴兴城东颐塘记》碑。

苏州商界的典范引领

苏州是庞氏家族的主要活动地之一。庞莱臣在这里兴办有多家典当行、钱庄，投资有纱厂、国货商场等产业，他的族伯庞天笙、庞式鋆等在苏州代为管理。庞天笙曾任苏州总商会会长，庞式鋆是苏州总商会的会董，二人是充满爱国热忱的商界领袖，苏州近代商业史上不可或缺的一部分。

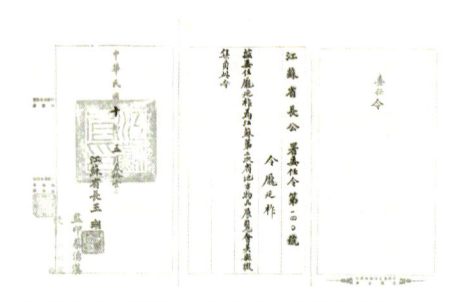

民国十年（1921），江苏省长公署委任令

苏州总商会会长

庞天笙曾担任庞莱臣名下仁和钱庄及多处典当行的经理，常住在阊门外杨安浜。任苏州商会会长期间，募集军款，使苏州百姓免受战乱之苦，又积极组织苏州商界参与国际展会，如"美国丝绸博览会"和"南美中华产品展览会"，推动苏州产品走向世界，赢得了广泛的赞誉。

庞天笙像

民国十一年（1922），苏州商务总会商事公断处职员录，庞天笙任处长

民国十九年（1930），苏州总商会纪念摄影（前排居中者为庞天笙）

典当行

苏州被称为典当的"江南之冠",据统计,庞莱臣在这里先后有八个典当行,涉及城区城厢、附郭、郊区市镇等不同地区,还曾为苏州的光复,捐资充军饷。

庞鼎君像

庞鼎君将减息所得充军饷的信件

民国初,典当行林立的观前街

庞莱臣投资的苏州国货商场(人民商场)旧影

庞家在苏州的典当业统计表

开设年份	牌号	地址	负责人
光绪七年	元昌	渡僧桥	庞天笙
光绪年间	福源	毛家桥	庞天笙
民国四年后	永盛	山塘街	庞天笙
光绪二年	福泰	颜家巷	庞鼎君
光绪十年	元昌分	浒关镇	庞鼎君
光绪十一年	安泰	齐门外、高师巷	庞鼎君
不详	元顺	元妙观前	庞鼎君
不详	安康	陆墓镇	庞鼎君

浙江全省铁路公司与浙江兴业银行

1905年,为抵制英美侵夺苏杭甬铁路修筑权,旅沪浙江同乡集资"浙江全省铁路公司",附股成立"浙江兴业银行",庞莱臣是董事之一。1909年8月,沪杭铁路通车,开创了我国商办铁路的先河。

1905年成立的商办全浙铁路有限公司

庞莱臣入股的浙江兴业银行旧影

多元投资

1905年，庞莱臣与刘学询等人在上海创办了中国合众水火保险有限公司上海分公司，参与发起筹组上海华商火险公会，是当时上海十家著名的保险公司之一。以庞莱臣为首的庞家还创办了龙章房产公司，附股投资了中国银行上海分行、华商集成图书集团、正广和汽水厂、《新闻时报》等产业，成为近现代著名的实业家团体。

庞家产业——中国大戏院旧影

庞家投资的中国银行总行旧影
（总管理处在上海的办公楼旧址）

中国合众水火保险有限公司股票

庞莱臣投资的正广和汽水厂旧影

早期正广和送饮料的马车

开全国机器造纸工业先河
龙章造纸厂

1903年，在清政府的支持下，庞莱臣赴日本考察造纸业，回国后会同宁波商人严子均及张、刘两大家族，集资三十八万两白银，创办了中国最早的官商合办造纸企业。工厂占地六十亩，1907年开车出纸，日产纸十吨，堪称中国近代造纸工业的鼻祖。

龙章造纸厂团龙商标
（原件藏于上海市档案馆）

龙章造纸厂旧影

龙章造纸厂股票

上海实业的多元发展

1904年，庞莱臣在上海开办了第一家造纸厂——龙章造纸厂。他还参与了浙江全省铁路公司和浙江兴业银行的创办，推动了中国商办铁路的起步。此外，庞家在上海的投资涵盖了金融、保险、出版、教育等多个领域，为中国近代工业的多元化发展做出了重要贡献。

复旦奠基
教育情怀

1906年，庞青城积极响应马相伯创办复旦公学（1917年改名"复旦大学"）的行动，名列劝募公启第六位。据一则《复旦公学广告》："本公学蒙庞青城先生捐助物理、化学仪器十四箱，已照数祗领，敬此鸣谢。"庞青城为复旦大学的早期发展提供了持续支持。

复旦公学吴淞校舍

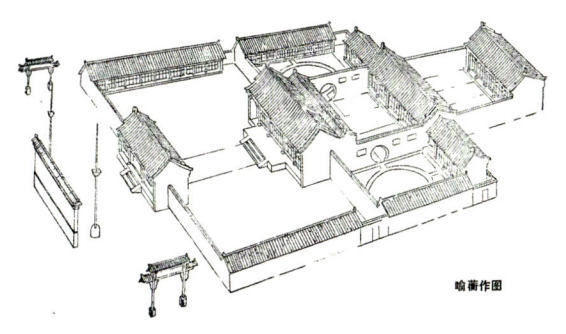

复旦公学吴淞校舍复原图

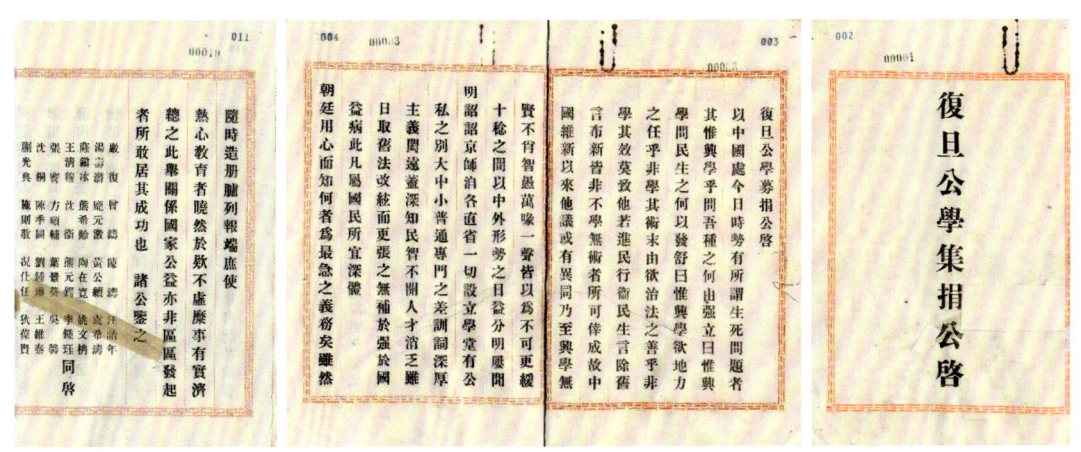

《复旦公学集捐公启》，庞元澄（青城）居落款者第六位

塘栖工业的开端
大纶缫丝厂

1896年,庞莱臣再次与丁丙联手,在塘栖镇建大纶缫丝厂,是塘栖工业的开端。生产的"仙鹤"牌厂丝曾在1929年"西湖博览会"上获优等奖,很快在国际市场上打开销路,驰名欧美。

中年庞莱臣像 　丁丙像

大纶缫丝厂旧址

缫丝厂夜班工人在电灯照明下工作

浙江典业银行股票

崇裕丝厂不同质量生丝的分配(原件藏于苏州市档案馆)

杭州崇裕丝厂与浙江典业银行

1927年,庞莱臣的堂弟庞赞臣联合刘梯青等人,在塘栖镇开办崇裕丝厂,拥有股资二十万两白银,德国座式缫车四百九十二台,是江浙地区设备最先进、规模最大的丝厂之一。1921年,庞赞臣还与全浙典业同仁共同在杭州发起创办浙江典业银行,并担任总经理,推动了金融业的发展。

崇裕丝厂的女工

杭州近代工业的启航

1895年,庞莱臣抓住杭州被辟为通商口岸的机遇,联合丁丙在拱宸桥附近创办世经缫丝厂,开启近代缫丝业的新篇章。后其与丁丙多次联手,扩大了缫丝行业的影响力。庞赞臣则开办了杭州崇裕丝厂和浙江典业银行,促进了传统绅商资本向近代民族工业资本的转变。

杭州近代纺织之始
通益公纱厂

1896年,庞莱臣联合丁丙、王震元等人,在拱宸桥西创办"通益公纱厂",股资四十八万两白银,有纺织纱锭一万五千余枚,工人一千二百人,是浙江民族资本创办最早的棉纺织厂,标志着浙江省近代民族轻纺工业的起步。

通益公纱厂旧影　　　通益公纱厂大门旧影　　　通益公纱厂"麒麟牌"商标

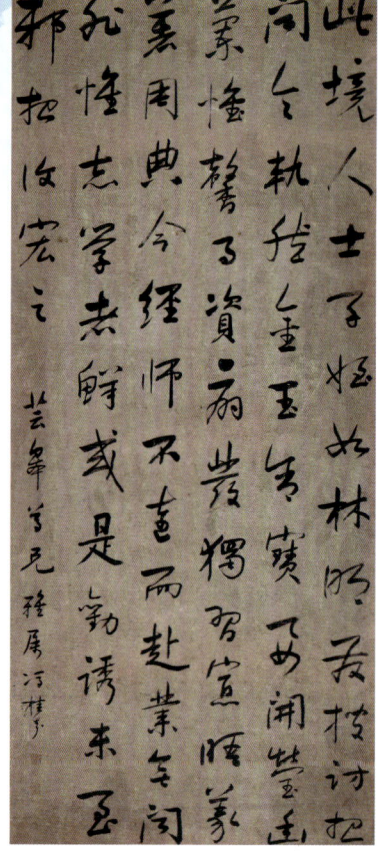

晚清思想家冯桂芬写给庞云鏳的书法，冯桂芬曾师从林则徐，后入李鸿章幕府

庞云鏳仿胡雪岩胡庆余堂国药店开设的庞滋德国药店

庞云鏳出巨资重修过的杭州拱宸桥 　　　　庞家获御赐圣旨碑 　　　清赠光禄大夫庞公墓表

庞云镠与"红顶商人"胡雪岩交厚，并仿"胡庆余堂"在家乡开设"庞滋德国药店"。胡雪岩曾立志与海上外国资本竞争，约庞云镠合作大量买进湖丝，却惜败几至破产。庞云镠只代为收购，未参与合资，得以全身而退。他从此不再经营蚕丝，并告诫儿子说："白老虎可怕，莫再经营蚕丝。"

胡雪岩画像

庞家政治上的靠山之一——李鸿章

庞家政治上的靠山之二——左宗棠(左宗棠与醇亲王奕譞合影)

庞云镠依傍左宗棠、李鸿章两座靠山，驰骋商海，采办军火，积聚雄厚家底。据《李鸿章全集·庞元济捐奖片》载，光绪十五年（1889），庞父拜托李鸿章奏请朝廷，以儿子的名义献白银三万两作赈豫直灾害之捐，慈禧特赏庞莱臣举人，补博士弟子，例授为刑部江西司郎中，特赏四品京堂。特赏庞云镠一品封典，候补四品京堂。庞莱臣还曾拜李鸿章为师，此即"庞家的面子"之由来。左宗棠西征新疆时，委派胡雪岩与洋人交涉军火买卖，庞云镠借助与洋商打交道之便利参与其中，军商交易让庞家真正赚得盆满钵满。

上海湖丝栈现存建筑　　　　经过湖丝栈中转后，湖丝通过远洋码头出口

八月十六日到
　浙江乌程县丝商庞玉振运来湖丝 30 包
　　现贮吴恒成花行
　九月□日该商移来共 15 包
　九月二十五日售与英商第 35 号船 5 包，所有应补三关税饷，当经投纳讫

　十月十日售与英商第 38 号船 2 包，所有应补三关税饷，当经投纳讫

英国图书馆藏，上海外贸商号"敦利商栈"循环簿中湖丝贸易的情况。此为庞云镠在晚清经"敦利商栈"向英商出售湖丝的记录（庞玉振即庞云镠）

商界巨擘

庞云镠在经营蚕丝过程中结识了胡雪岩，并与他合作经营蚕丝。庞家后人与吴大澂关系密切，吴大澂与胡雪岩同为晚清重臣左宗棠的得力干将，庞云镠借此机遇，为左宗棠、李鸿章等湘淮新兴地主向洋商购买军火，帮助西征军打响征讨新疆，收复国土的远征之战，以此与清朝重臣结下深厚渊缘，成就了"庞家的面子"。发家后在南浔开设"怡泰"酱园、药店，投资米业、典当、钱庄等多个行业，并辟宗祠、建义庄，还在苏州、绍兴、萧山等各地购置田产，积累了庞家"四象"级基业。1889年庞云镠逝世，被追赠荣禄大夫、光禄大夫，庞家亦因仁商精神获御赐"讲信修睦"匾额。

《南浔庞氏义庄纪事》书首所绘"讲信修睦"匾额图片

庞氏兄弟继承家业后，受"实业救国"思想影响，大胆开拓新兴行业，创办和投资的产业涉足机器缫织、金融、房地产、新闻出版、食品饮料等，足迹遍布杭州、上海、苏州、南浔、南京等近代工业重地，是江浙地区民族资本的开篇人物，其历程是中国近代化进程的缩影。

经商起家

庞云鏳十五岁起在"丝事通"陈熙元的丝行学徒，精通蚕丝经营。后与张氏、蒋氏合伙开丝行，最终独资经营，在上海泰康里和南浔丝埭分别设立庞怡泰丝号和丝行，凭借敏锐的市场洞察和果断的经营策略，迅速积累了财富。

庞云鏳（1833—1889）
字芸皋，以业丝起家，南浔"四象"之一庞家的创始人，有"庞家的面子"之美称。

南浔文园中的庞云鏳画像

开拓之心

PIONEERING IN THE EARLY MODERNIZATION

上海租界的扩张

开埠后的上海老照片

南浔频塘故道

湖丝之路

19世纪末20世纪初,上海九十一家丝行中百分之七十为湖州南浔丝商所开,以辑里湖丝为主的中国生丝迅速打开并占据欧洲市场。南浔丝商利用运河支线频塘(又名荻塘)水道,将生丝运至上海码头,相较广州港,运输路程缩短了九成,成本显著降低,形成著名的"浔沪丝"。

清代湖丝

004

1843年上海开埠，大量外国商人涌入。上海成为中国现代化进程中的一个重要窗口，更成为中国近代民族工业的发源地。南浔商人抓住商机，将辑里湖丝通过上海转向国外。庞云鏳就是在此时业丝起家，因善于经营，不数年致富，奠定南浔"四象"之一的基业。

望族基业

庞氏先祖庞朴，字夷简，原为单州（今山东单县）人。庞朴少年时即有才名，宋时南渡，游寓湖州。元初，授翰林修撰，奉敕修宋、辽、金史，完成后称病归隐，寓居南浔。其以诗书自娱，并与赵孟𫖯、陈孚酬唱，自号"五湖狂叟"，有《白蘋集》《五湖狂叟集》。后人世居南浔镇东。另一种说法则是庞家先祖为皖籍，后迁至绍兴，再由绍兴迁居南浔。庞氏家族一支的先祖庞公照为清代进士，"游幕湘中"。庞云鏳的父亲庞听泉就是跟随这位族中长辈，去往湖南，并得以结识湖南巡抚吴大澂，成为他的幕僚，建立了庞家在"四象"中独特的政治基础。

《感怀呈庞夷简修撰张幼度应奉》（其二）
元·陈孚

五湖烟浪阔，短棹早归休。有母思臣密，无人问客周。
关河双鬓晚，风雨一灯秋。留取金鑾梦，寒汀对白鸥。

《次韵庞夷简礼部》
元·赵孟𫖯

故山深处桂阴浓，云碓无人水自舂。玉友一尊为老伴，
木奴千树当侯封。宦途坎壈谋身拙，病骨支离触事慵。
早挂一帆归去好，五湖烟景最情钟。

《寄赵承旨子昂》
元·庞朴

女萝垂垂覆屋浓，疏窗支枕日高舂。鹖冠依旧贫无恙，
猿臂何妨老不封。狂泛五湖烟景阔，笑归三径世情慵。
君家硎阁尤萧爽，偏我频来爱独钟。

创业之路

THE ROAD TO
ENTREPRENEURSHIP

承朴传家

南浔庞氏家族史迹

THE FAMILY TRADITION AND INHERITANCE OF THE PANGS IN NANXUN

从商崇文
FROM BUSINESS TO CULTURAL WORSHIP

走近庞家

清末民初，南浔有民谚云："刘家的银子、顾家的房子、张家的儿子、庞家的面子。"据传庞家资产逾六百万两。

庞家先祖最早可追溯到宋末元初的"五湖狂叟"庞朴，他在参与修成宋、辽、金三史后，隐居南浔。作为"四象"之一的庞家开创者则是庞云鏳。庞氏后人的印记几乎涵盖了经济、政治、文化、社会等各个方面，不仅有商业上的奇才，还有艺术上的巨擘、政坛上的风云人物。

承朴堂

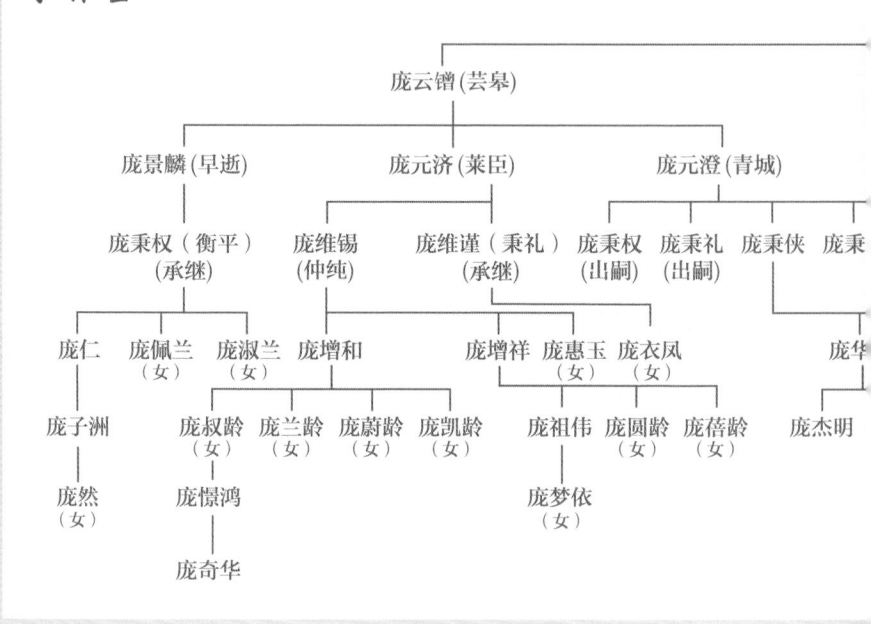

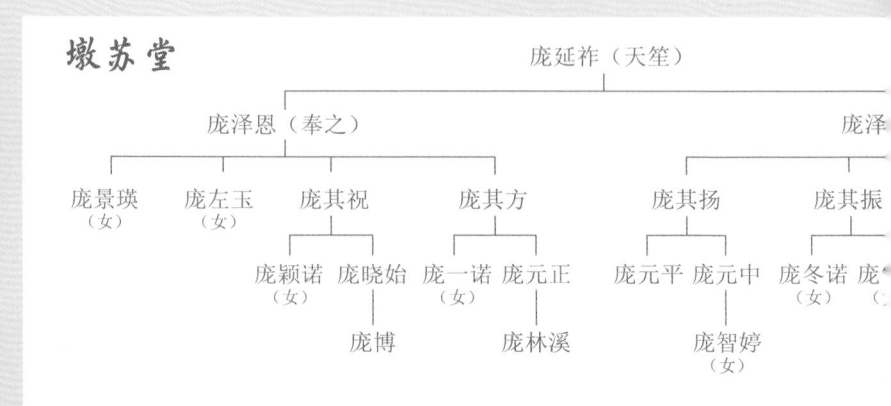

庞云鏳（芸皋）
- 庞景麟（早逝）
  - 庞秉权（衡平）（承继）
    - 庞仁
      - 庞子洲
        - 庞然（女）
    - 庞佩兰（女）
      - 庞叔龄（女）
        - 庞憬鸿
          - 庞奇华
    - 庞淑兰（女）
      - 庞兰龄（女）
- 庞元济（莱臣）
  - 庞维锡（仲纯）
    - 庞增和
      - 庞蔚龄（女）
      - 庞凯龄（女）
  - 庞维谨（秉礼）（承继）
    - 庞增祥
      - 庞祖伟
        - 庞梦依（女）
      - 庞惠玉（女）
        - 庞圆龄（女）
- 庞元澄（青城）
  - 庞秉权（出嗣）
    - 庞衣凤（女）
      - 庞蓓龄（女）
  - 庞秉礼（出嗣）
  - 庞秉侠
    - 庞杰明
  - 庞秉…

墩苏堂

庞延祚（天笙）
- 庞泽恩（奉之）
  - 庞景瑛（女）
  - 庞左玉（女）
  - 庞其祝
    - 庞颖诺（女）
    - 庞晓始
      - 庞博
  - 庞其方
    - 庞一诺（女）
    - 庞元正
      - 庞林溪
- 庞泽…
  - 庞其扬
    - 庞元平
    - 庞元中
      - 庞智婷（女）
  - 庞其振
    - 庞冬诺（女）
    - 庞…

南浔庞氏家族世系表

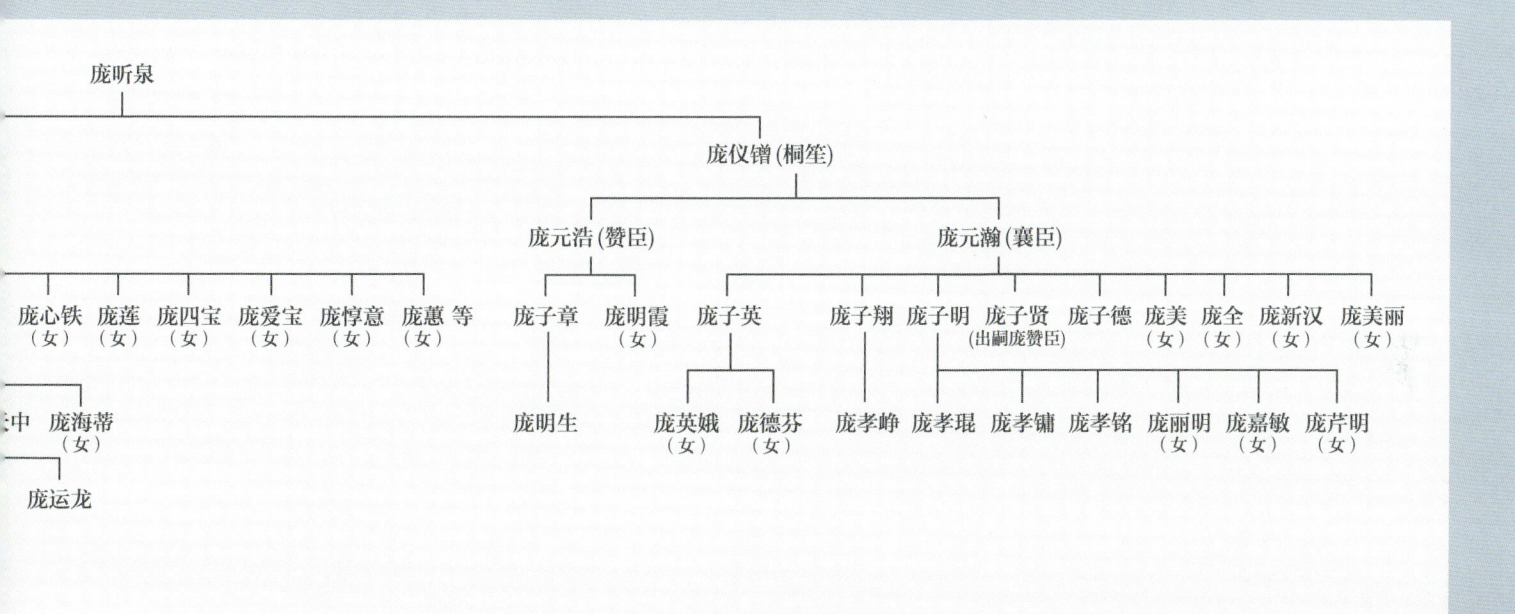

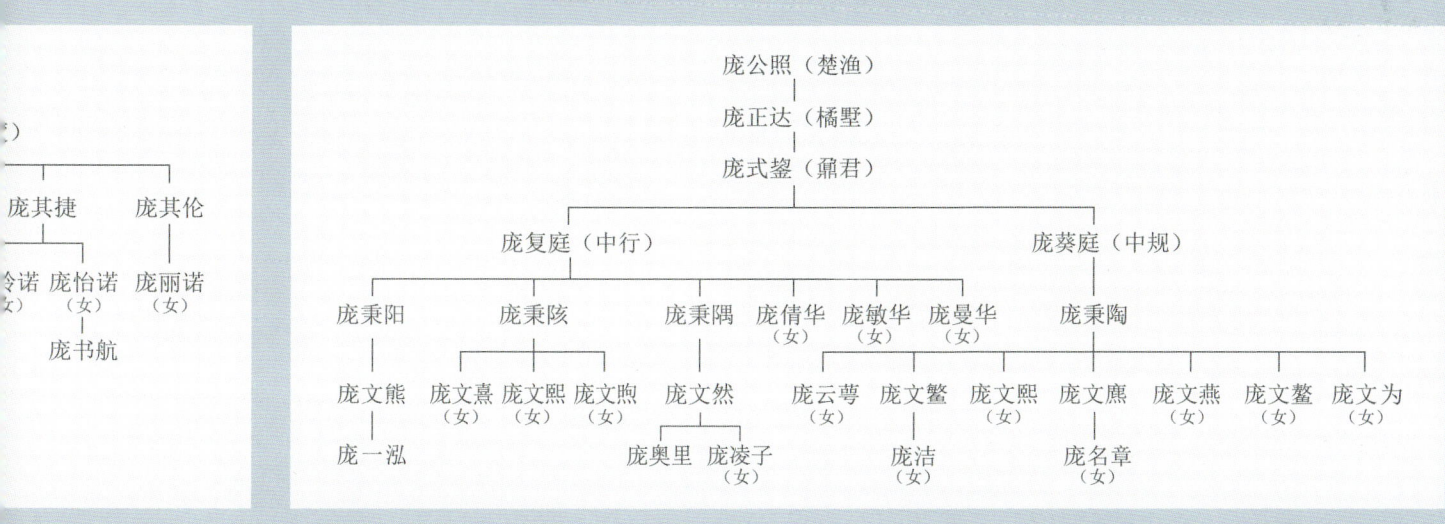

```
庞听泉
  │
  ├──────────────────────────────────────庞仪镨(桐笙)
  │                                         │
  │                              ┌──────────┴──────────┐
  │                         庞元浩(赞臣)            庞元瀚(襄臣)
  │                              │                     │
  ├─ 庞心铁(女)                  ├─ 庞子章              ├─ 庞子翔
  ├─ 庞莲(女)                    ├─ 庞明霞(女)          ├─ 庞子明
  ├─ 庞四宝(女)                  └─ 庞子英              ├─ 庞子贤(出嗣庞赞臣)
  ├─ 庞爱宝(女)                                         ├─ 庞子德
  ├─ 庞惇意(女)                                         ├─ 庞美(女)
  ├─ 庞蕙(女) 等                                        ├─ 庞全(女)
                                                        ├─ 庞新汉(女)
                                                        └─ 庞美丽(女)

子辈之下：
  庞心铁─┬─ (某)中
         └─ 庞海蒂(女)
              │
              庞运龙

  庞子英 ── 庞明生
  庞明霞下：庞英娥(女)、庞德芬(女)
  庞子翔 ── 庞孝峥
  庞子明 ── 庞孝琨
  庞子贤 ── 庞孝铺
  庞子德 ── 庞孝铭
  庞美 ── 庞丽明(女)
  庞全 ── 庞嘉敏(女)
  庞新汉 ── 庞芹明(女)
```

```
                  庞公照(楚渔)
                       │
                  庞正达(橘墅)
                       │
                  庞式鋆(鼎君)
                       │
           ┌───────────┴───────────┐
      庞复庭(中行)              庞葵庭(中规)
           │                         │
  ┌────┬───┴──┬──────┬──────┬──────┐ │
庞秉阳 庞秉陔  庞秉隅 庞倩华 庞敏华 庞曼华 庞秉陶
                            (女)   (女)   (女)
  │     │           │        │      │      │       │
庞文熊 庞文熹 庞文煕 庞文煦 庞文然 庞云荨 庞文鳌 庞文熙 庞文麃 庞文燕 庞文鳌 庞文为
       (女)  (女)  (女)           (女)          (女)  (女)  (女)  (女)
  │                      │                            │
庞一泓              庞奥里 庞凌子(女)              庞洁(女) 庞名章
```

（左下另一支）
庞其捷　庞其伦
　│　　　│
(某)诺　庞怡诺(女)　庞丽诺(女)
　　　　　│
　　　　庞书航

来源：陆剑提供

序言

"为一族计则何如为一乡计、为一国计乎？"（庞莱臣《世述堂记》）

家是最小的国，国是最大的家，家风、家传既是个人安身立命之本，也是一个国家、一个民族长盛不衰的文化基因。南浔庞家，御上海开埠之风，踏时代之潮，开风气之先，传人文之美，于近代中国百年变局中留下一个家族的辉煌背影。

开创者庞云鏳，伴随着上海的开埠，以经营辑里湖丝起家，发展成为江南望族，是南浔"四象"之一。庞氏二代，以实业济世为己任，积极兴办民族工业企业，拓展工商业版图。兄弟俩虽然所走道路迥异，庞莱臣悉心书画收藏，庞青城矢志共和，然富贾而儒，以德传家，"讲信修睦"的家风不断发扬光大，公益慈善、桑梓敬恭，口碑与建树均为人褒赞，彰显了炽热的家国情怀。

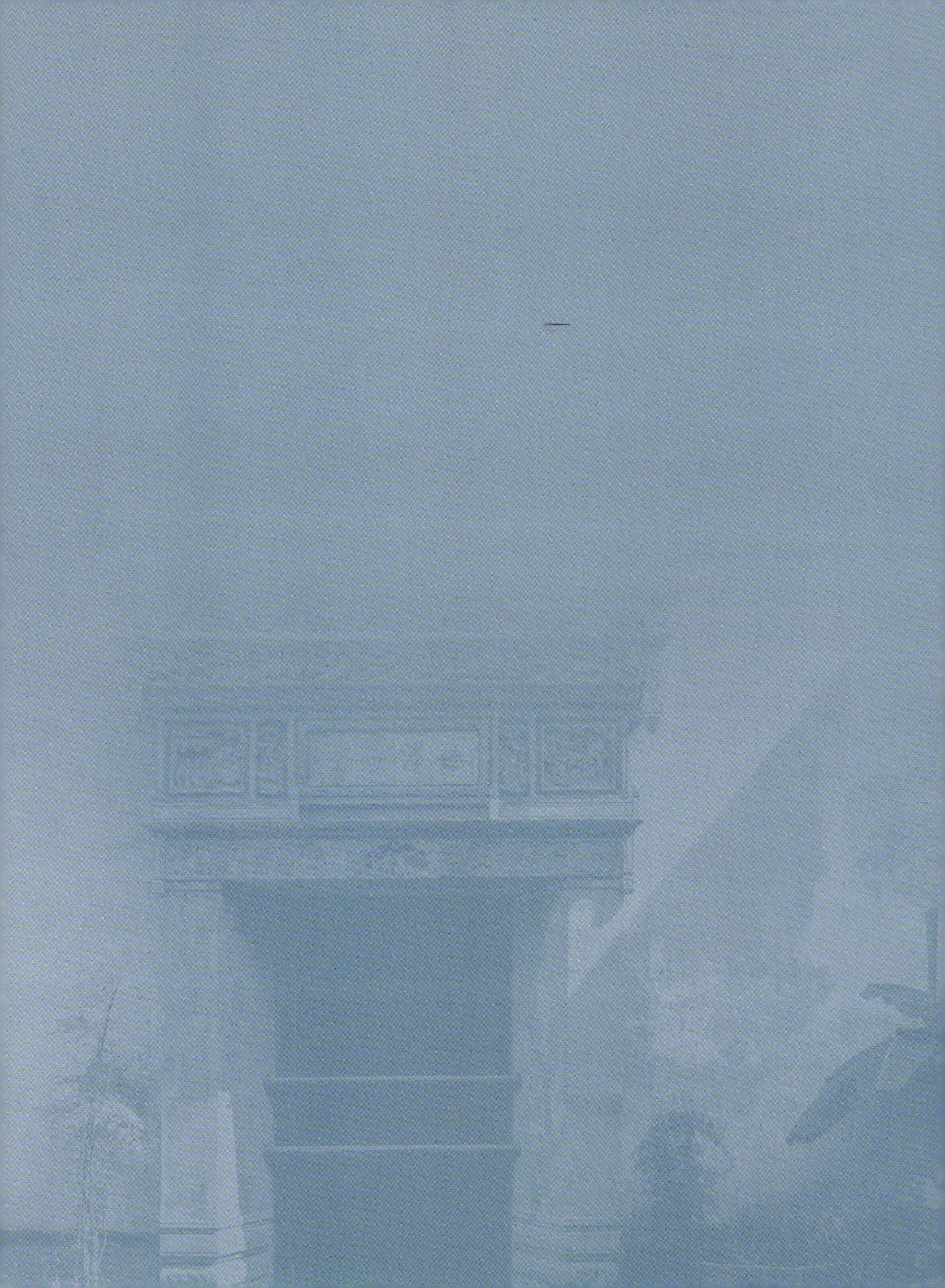

目 录

序言	/01
南浔庞氏家族世系表	/02
创业之路	/002
开拓之心	/005
革新之志	/018
虚斋之境	/024
公诸于民	/036
临时展厅 （海上才女庞左玉）	/047
世家风华	/052
庞宅平面图及实景图	/056

虚斋藏天下

——南浔庞氏传奇与印记

南浔庞氏史迹陈列
收藏与革新

南浔庞氏史迹陈列项目组 编
陆剑 主编

上海书画出版社